Sylvia Schneider
Hexen-Zauber für Power-Girls

Sylvia Schneider

hat Ökotrophologie und Kommunikationswissenschaften studiert
und war leitende Redakteurin der Ressorts Wissenschaft und Medizin
bei großen Hamburger Medien. Heute ist sie Chefredakteurin von
„Gesundheit für Frauen" und eine der erfolgreichsten Kinder- und
Jugendsachbuchautoren.

Weitere Arena-Bücher von Sylvia Schneider:
All about girls
Girls Talk
Boys Talk
Sport for Fun
Gewalt – Nicht an unserer Schule!
So ist das mit den Mädchen, so ist das mit den Jungen
Wo kommt unser Baby her?

Zauberei — Alles Aberglaube? Von wegen! Hexen ist alles!

Wie funktioniert Zauber? Wie wirken Zaubersprüche? Was ist Magie? Was ist Hexerei? Hat das etwas mit Übersinnlichkeit zu tun? Wer kann überhaupt zaubern? Wer besitzt solche magischen Kräfte? Doch wohl »nur« Hexen, oder?

Viele Menschen verstehen das Wort Hexe nur als Schimpfwort und Zauber ist etwas Bedrohliches für sie. Der Begriff Hexe ist nämlich von einem ganz alten Vorurteil bestimmt: dem Bild einer schrecklichen, zerstörerischen, hässlichen, heimtückischen alten Frau mit einem Geschwür auf der Nase und einer schwarzen Katze auf dem Buckel. Im Märchen geht von einer Hexe meist drohendes Unheil aus. Alles fauler Zauber!

Und darum geht es wirklich: Der Begriff »Hexe« ist ein schillerndes Sinnbild für tolle Mädchen und Frauen, die wissen, was sie wollen, für ungezügelte weibliche Kraft, weibliches Wissen und weibliche Macht. Mag man sie nun Hexen oder Zauberinnen nennen, mag man ihnen ganz andere Namen geben — es handelt sich um moderne Mädchen und Frauen, die — sinnbildlich gesagt — sowohl Porsche fahren als auch auf dem Besen reiten können, die mit ihrem PC im Internet surfen, aber gleichzeitig mit dem Universum kommunizieren. Mit anderen Worten: Das Hexen-Label ist Lebenslust pur.

Hexen-Power bedeutet eine Befreiung eingesperrter Gefühle und das Ausgraben intuitiven Wissens, das tief in uns allen schlummert. Das ist etwas für Mädchen und Frauen, die in sich selbst leben und unabhängig sind, die einen Zugang zu ihren Gefühlen haben und diese auch einsetzen wollen. Sie kennen und genießen ihren Körper, sie lieben ihr Leben. Jede von uns hat ihre eigene Magie. Jede kann sich selbst beschützen, denn bei Gefahr zieht sie einen Schutzkreis positiver Energie um sich. Die Magie liegt dabei in der Bereitwilligkeit, der inneren Stimme und ihren Botschaften zuzuhören und ihnen zu vertrauen. Wir können uns Tage voller Ruhe und Versenkung gönnen, auch voller rauschender Feste mit unseren Freundinnen, bezaubernde Stunden mit einem Liebsten oder anderen wertvollen Menschen – eben alles, was wir wollen.

Diese Kraft hatten und haben alle tollen weiblichen Wesen, egal, wo und wann auf dieser Welt sie leben. Wenn du zu diesen lebensbejahenden Mädchen gehörst, die auf der Suche nach ihren eigenen Wurzeln sind, mach dir deinen eigenen Zauber, denn er dient deinem Wohlbefinden und deinem Selbstvertrauen. Lass deiner Phantasie freien Lauf! Mach dich frei von allen Vorurteilen und genieße es, dass du so bist, wie du bist.

Die Beschäftigung mit Magie und Zauberkraft schenkt dir auch Visionen für das, was du im Leben erreichen willst. Egal, ob du nun eher Feen und Waldgeistern lauschen willst, dich am Mond orientierst, ob du magische Partys feiern möchtest, ob du dich mit Zauberkräften fit machst für die nächste Klausur oder Klassenarbeit und deinen beruflichen Werdegang, ob du einen Liebsten beschwören möchtest oder ob du dir ganz pragmatisch einen persönlichen Mix aus allem machen willst, was zu dir passt oder womit du gute Erfahrungen gemacht hast. Entscheidend ist, dass du die Kraft entdeckst, die in dir steckt. Denn Hexen-Power macht schlauer!

Sylvia Schneider

kleiner Hex-kurs

Alle wollen es wissen: Können Hexen wirklich zaubern? Was hexen moderne Hexen denn heute so? Haben sie wirklich magische Kräfte? Wer sind Hexen und wer ist eine Hexe, von denen, die ich kenne? Hexe – das ist nur ein anderes Wort für Power-Frauen, die mit beiden Beinen im Leben stehen und einen Sinn für all das haben, was sich zwischen Himmel und Erde abspielt. Alle Mädchen und Frauen haben diese Kräfte, sie müssen sie nur bei sich entdecken und ihnen Leben einhauchen. Wenn du dazu Lust hast, diese Kraft in dir zu wecken, dann nichts wie los!

Du brauchst dafür außer dir selbst so gut wie gar nichts, hauptsächlich deine Konzentration ist gefordert. Magie bedeutet nämlich nichts anderes, so erklärt die Profi-Hexe Thea, als eine Einheit zwischen dem Menschen und dem Universum zu schaffen. Alles steht miteinander in Verbindung und bedingt sich gegenseitig. Manche dieser hexenmäßig ausgebildeten Frauen sagen, dass sie ihre Kräfte nutzen können, um Dinge zu sehen, die normalerweise nicht sichtbar sind, und in die Zukunft zu schauen. Manche haben nach eigenen Aussagen übersinnliche Kräfte und können in Problemfällen auch in so genannten Anderwelten um Hilfe bitten. Da das mit einer großen Verantwortung verbunden ist, absolvieren die Profi-Hexen und Zauberinnen eine lange Lehrzeit. Je erfahrener und reifer eine Hexe ist, desto positiver kann ihre Magie auf andere Menschen wirken. Die meisten dieser Hexen haben ihre Kräfte aber schon in ihrer Jugend gespürt und mit ihrer Lehrzeit angefangen.

Man nimmt an, dass das Wort Magie aus dem Persischen stammt, denn dort wurden die heilkundigen Priester »magi« genannt. In anderen Kulturen waren es die Weisen, die Philosophen, die Heilkundigen und die Schamanen, die Zauberrituale und ähnliche Dinge pflegten. Ob Magie wirkt und wenn ja, warum, darüber haben sich ganze Generationen den Kopf zerbrochen. Eine allgemein gültige Antwort hat man bislang nicht gefunden und es liegt sicher auch in der Natur der Sache, dass das gar nicht möglich ist. Denn was wäre dann daran noch magisch ???

Aber es hat auch zu allen Zeiten und in allen Kulturen magische Plätze gegeben, deren geheimnisvoller Wirkung sich auch »Ungläubige« nicht entziehen konnten und können. So ein ergreifender Ort ist zum Beispiel Stonehenge in England, wo die magischen Kräfte für jedermann fast körperlich spürbar sind. Auch in Deutschland gibt es solche Plätze – etwa den Brocken im Harz. Auch alte Bäume strahlen manchmal diese magische Power aus, die tief im Inneren der Erde wurzelt und mit den Ästen gen Himmel strebt.

Die Wurzeln des Hexen-Business

Bis zum Mittelalter waren Hexen oft Frauen, die über besonderes Wissen verfügten: Sie kannten Rezepte für Gesundheit und Liebe, zur Verhütung und für die Fruchtbarkeit, für Rausch und Erotik. Viele Rituale entstammten den alten Religionen, die von den christlichen Kirchen als heidnisch bezeichnet wurden. Die Hexen standen Frauen in allen Lebenslagen mit Rat und Tat zur Seite. Deswegen nannte man sie auch »weise Frauen«. Sie waren Heilkundige, Kräuterweiber, Hebammen, Ärztinnen, Forscherinnen, Verhütungs- und Lebensberaterinnen. Sie kümmerten sich um alles, was Frauen betraf. Denn die Frau galt ja schließlich als die Schöpferin neuen Lebens. Sie waren damit gleichzeitig die Verbindung zwischen Himmel und Erde, zwischen den Menschen und den Göttern, zwischen Endlichkeit und Unendlichkeit.

Das passte nun vielen Männern nicht, vor allem Kirchenmänner fanden daran gar keinen Gefallen, denn ihr Wissen gab diesen Frauen Macht, die die Männer eigentlich für sich selbst beanspruchten. Kirchenvater Augustinus (354–430 n. Christus) entwickelte die Theorie, dass es zwei Reiche gäbe: das Reich Gottes, zu dem alle guten Menschen und die Engel gehören, und das Reich des Teufels, das alle Dämonen und auch die Hexen beherbergte. Man sagte ihnen folglich nach, sie seien mit dem Teufel im Bunde und wer sie gut finde, bete den Teufel an. In furiosen Hetzkampagnen verfolgte man die Hexen als Anhängerinnen des alten Glaubens, nannte sie Ketzerinnen, folterte und tötete sie, ohne dass die Armen je eine Chance gehabt hätten. So endeten Millionen von Frauen auf dem Scheiterhaufen oder kamen sonst wie ums Leben.

Natürlich bekämpfte hier auch eine Religion die andere. Dass sich eine Glaubensrichtung für besser hält als die andere, hat sich bis in unsere Tage erhalten. Vor einiger Zeit hat die katholische Kirche, die letztlich für die Hexen-Verfolgungen verantwortlich zeichnet, bekräftigt, dass sie sich für die einzig wahre Weltreligion hält. Wir brauchen uns nur einmal vor Augen zu halten, mit welcher Herzlosigkeit der heutige Papst Verhütung und Schwangerschaftsabbruch bekämpft, Frauen in Not sogar die Beratung verweigern möchte, schon bekommen wir eine Ahnung davon, dass wir wömöglich gar nicht so weit entfernt sind von Intoleranz und Frauenhass des Mittelalters. Auch der Islam stellt seine Frauenfeindlichkeit immer wieder in einer unglaublichen Rogorosität unter Beweis.

Vorläuferinnen der Hexen waren die Priesterinnen der Großen Göttin, sagt man. Die bekanntesten Zaubergöttinnen sind Ischtar/Venus/Aphrodite, Hekate und Aradia aus dem Mittelmeerraum und ihre nördlichen Schwestern Holla (Frau Holle!), Berchta und Freyja. Sie galten als Grenzgängerinnen zwischen Erde und Himmel, sie waren sowohl mit irdischen als auch mit göttlichen Kräften ausgestattet.

Anders als bei den heute gängigen Religionen, dem Christentum, dem Buddhismus, dem Judentum und dem Islam, die nur eine männliche Gottheit kennen, teilten sich in früherer Zeit und deren Religionen beide Geschlechter den Götterhimmel. Die weiblichen Götter waren dabei beileibe nicht in den untergeordneten Positionen zu finden, in manchen Bereichen waren sie sogar uneingeschränkte Herrscherinnen oder zumindest mit gleicher Macht ausgestattet wie ihre männlichen »Kollegen«. Mann und Frau waren sich in den alten germanischen und keltischen Vorstellungen ebenbürtig. Frauen waren die Trägerinnen göttlicher Kraft.

Besonders in England gibt es heute noch viele Frauen die sich den alten Hexen verbunden fühlen. In England, wo keltische Traditionen und Volksglaube so wach und lebendig sind wie in kaum einem anderen Land Europas, trifft man häufiger als anderswo Menschen, die behaupten, die Kunst der Magie zu beherrschen, mit der Kraft ihres Willens heilen zu können und mit ihrem inneren, ihrem geistigen Auge in die Vergangenheit oder Zukunft eines anderen zu blicken, wenn sie darum gebeten werden. Diese Frauen haben ihre Gabe, die Zaubersprüche und Kräutermixturen meist von ihren Müttern geerbt, oft sind es über Generationen hinweg gehütete Familiengeheimnisse. Mit Stolz nennen sich diese Frauen »weiße« Hexen. Sie gehören in der Regel heidnischen Religionen an, die ja viel älter sind als unsere christlichen. Sie glauben beispielsweise, dass die Geister der Toten aus ihrem Reich, dem Sommerland, die Lebenden schützen, dass jedes Tier, jeder Baum, jeder Strauch und jeder Stein eine Seele haben.

In der Welt der weisen Frauen wimmelt es folglich von Göttern, Geistern und Naturkräften, von Nichtfassbarem und Unbeweisbarem. Eine Welt, in der es für alles ein Ritual gibt: Heilungsrituale, Zauberrituale, Liebesrituale, Todesrituale, Fest- und Feierrituale. Mancherorts sind diese Hexen sogar als spirituelle Seelsorgerinnen offiziell anerkannt und werden von Kliniken und Pflegeheimen oft um ihre Hilfe gebeten. Dass ihre Hilfe wirksam sein kann, erklärt eine englische Hexe so: „Viele unserer Probleme haben ihre Ursache im Unbewussten. Doch das ist wie ein Kind: Es reagiert nicht auf Kommandos, es reagiert auf Symbole, auf Kerzen und Weihrauch. Rituale und Zauber stimulieren das Unbewusste. So erleichtern sie die Heilung" (Brigitte 7/97). Das klingt doch sehr plausibel und überhaupt nicht zum Fürchten, oder?

Hände weg von Schadenszauber

Unter schwarzen Hexen versteht man jene, die einem Mitmenschen alles Schlechte an den Hals wünschen, etwa die Pest oder andere Krankheiten, Liebesunglück und Verderben. Neid, Hass und Eifersucht sind negative Gefühle, die nicht in die Welt der weißen Magie passen. Nur wer in Harmonie mit sich selbst ist und der Welt – also auch anderen Menschen – mit Liebe begegnet, kann auch ein magischer Mensch werden. Negativ gestimmte Leute stören dabei nur. Am besten macht man einen Riesenbogen um sie. Man trifft solche »Miesnickel« im nichthexischen Alltag ja schon zur Genüge, oder? Und wer will mit denen schon zu tun haben?

Womit Hexen hexen und Zauberinnen zaubern

Braucht man zum Zaubern wirklich einen Besen, ein Knusperhaus und eine schwarze Katze? Das wichtigste Zaubermittel der Hexen ist das magische Ritual – das sind Zeremonien, die sich zu bestimmten Zeiten immer wieder wiederholen, Bräuche, auf die man sich verlassen kann. Wir alle kennen solche Rituale aus unserem Alltag: Etwa dass sich die katholischen Gläubigen bekreuzigen, wenn sie eine Kirche betreten, dass wir jedes Jahr unseren Geburtstag feiern oder auf Holz klopfen, wenn etwas gut gehen soll. Darüber hinaus entwickelt jede Familie ihre eigenen Rituale – sicher fallen dir auch Sachen ein, die ein fester Bestandteil eures Familienlebens sind.

Die Profi-Hexen haben tatsächlich eine Reihe von »Handwerkszeug«, das sie für ihre Rituale und magischen Formeln brauchen. Dazu gehören unter anderem:

Der Altar

Er wird mit Dingen geschmückt, die Hexen lieb und teuer sind: mit Muscheln, Steine, Blumen, Fotos und einer Duftschale. Der Altar ist das Heiligtum der Hexe.

Der Hexen-Kessel

Dieses Gefäß dient zum Brauen von Liebestränken und Power-Süppchen, es können in ihm getrocknete Kräuter aufbewahrt werden, Blüten, Steine und Öle. Der Hexen-Kessel muss weder groß noch aus Kupfer sein. Auf alle Fälle ist er auch ein Symbol für das Unbewusste.

Ein Messer oder ein Schwert

Es symbolisiert die Lebenskraft der Frau. Mit diesem Zauber-
utensil ziehen die Frauen einen magischen Kreis um sich,
sodass das Böse und Negative keinen Zutritt mehr hat. Das ist
nicht nur beim Zaubern eine sinnvolle Sache, sondern hilft oft
gegen die negativen Energien von anderen Menschen. Mit
dem Ritualmesser oder dem Schwert werden auch Kräuter,
Blüten, Früchte und Äste abgeschnitten, die zum Zauber benö-
tigt werden.

Der Zauberstab

Er dient als Verstärker der Wünsche, die mit Hilfe des magischen Zaubers in Erfüllung gehen sollen. Je nachdem, aus welchem Holz er besteht, kann er unterschiedliche Wirkungen fördern – so verstärkt beispielsweise ein Zauberstab aus Weide
oder Eberesche die Mondmagie.

Der Kelch

Er ist das Symbol für Gefühl, Intuition und Weiblichkeit. In diesem Kelch – es kann auch ein besonders schönes großes Glas
sein – wird geweihtes Wasser gefüllt, das Wünsche und Gedanken während eines Rituals aufnimmt.

Die Kerzen

Ohne sie ist kein Ritual, kein Zauber denkbar. Für jeden Zau-
berwunsch wird eine andere Farbe eingesetzt (siehe auch Seite
30).

Kräuter, Pflanzen, Blüten, Öle

Aus ihnen werden Tees zubereitet, Räucherstoffe gemischt und
Schönheitsmittel angesetzt. Jedes Kraut, jedes Öl hat seine
ganz spezielle Wirkung.

⚘ Eine Scheibe oder ein Teller

Hier wird Erde hineingetan. Es können aber auch die Kerzen darauf gestellt, Blüten und Kräuter darauf dekoriert werden.

••• Wir beschränken uns hier in diesem Buch auf Zauberei und Rezepte mit »Bordmitteln«, also auf alles, was dir leicht zugänglich ist. Dazu gehören in erster Linie Pflanzen, Kräuter, Öle, Kerzen und allerlei Gegenstände des Alltags. Die Rezepte, die hier vorgestellt werden, sollen vor allem deinem persönlichen Wohlbefinden und Selbstvertrauen dienen. Denn das stärkt deine magischen Kräfte. Du musst dich auf dich selbst konzentrieren können. Deshalb solltest du dafür sorgen, dass du innerlich und äußerlich ungestört bleibst, wenn du deinen magischen Kräften nachspürst. •••

Wie sag ich's meiner Mama?

Es kann sein, dass deine Mutter dir dieses Buch geschenkt hat, weil sie selbst von der Kraft der Frauen fasziniert ist. Es kann aber auch sein, dass du es dir selbst besorgt oder von einer Freundin bekommen hast und deine Mutter skeptisch reagiert, wenn sie es sieht. Kann sogar sein, dass sie verängstigt ist, weil sie um deinen Geisteszustand fürchtet. Ihre größte Furcht könnte sein, dass du irgendwie »abdrehst« und vielleicht deine berufliche Zukunft aus dem Auge verlierst. Dann solltest du sie einladen gemeinsam mit dir in die Welt der Zwischentöne und der weiblichen Kraftquellen einzutauchen. Sie wird merken, dass das nichts Unheimliches ist, sondern ausschließlich deinem Wohlbefinden und deinem Selbstvertrauen dient. Wir finden ja viel leichter unseren Platz in der Welt, wenn wir allen Seiten in uns Raum geben. Versuche ihr zu erklären, dass Hexen- und Zauberkunst Frauen stärker macht. Dass sie überhaupt nichts mit Satanismus oder einer anderen Religion zu tun hat. Im Gegenteil: Deine Eltern können stolz auf dich sein, weil du dich so intensiv mit der Welt, der Natur und deinem inneren Wachstum auseinander setzt, weil du lernen willst das Universum mit anderen Augen zu sehen. Wer weiß: Vielleicht kannst du ja auch deiner Mutter eine zaubermäßige Initialzündung verpassen!

Erfolgreicher mit Magie?

Ziel der Rituale und magischen Handlungen ist es, etwas Bestimmtes zu erreichen – etwa Selbstfindung, ein stärkeres In-sich-Ruhen, Glück, Liebe, Erfolg oder eine bessere Gesundheit. Es sollte immer etwas Positives sein.

Mit Magie und kleinen Zaubereien kann man natürlich keine Wunder bewirken. Ein Beispiel: Du schwärmst für Jon Bon Jovi, Sascha oder für Kim von der Gruppe Echt. Möchtest du mit deinen magischen Handlungen erreichen, dass er dein Freund wird und dich vielleicht sogar heiratet, wird das wenig nutzen, denn zwischen euren persönlichen Universen gibt es ja gar keine Verbindung. Oder du möchtest das Herz von jemandem gewinnen, der eigentlich schon in einer glücklichen Beziehung lebt. Dann wirst du eine andere ins Unglück stürzen und den Angebeteten wahrscheinlich ebenso. Das wird auch dich nicht glücklich machen. Oder du willst in der Schule mehr Erfolg haben, indem du jemand anderes ausschaltest, den du als deine Konkurrenz empfindest. So ein Schadenszauber wird niemals zu deinem Vorteil sein.

Kein Mensch kann anderen Unglück zufügen, ohne dass sich dieses irgendwann rächt. Glück wächst niemals auf dem Unglück von anderen. Noch ein Geheimnis sei dir verraten, das dir sicher oft helfen kann: Böse und schlechte Menschen (und die gibt es ja), Menschen, die dir übel wollen, richten sich meist selbst zu Grunde, weil sie sich mit ihren schlechten Gefühlen – sei es Neid, Eifersucht oder Missgunst – von innen überschwemmen und zerfressen. Die Indianer sagen, man brauche sich nur ruhig und in sich ruhend an den Fluss des Lebens zu setzen und darauf zu warten, dass – sinnbildlich gesprochen – die Leichen dieser schädlichen Menschen vorbeischwimmen. Also gib der Zeit gelassen Raum und nutze niemals deine Zauberkräfte, um anderen zu schaden!

Das Eigentliche, was wir erreichen möchten, ist doch, dass wir uns den Möglichkeiten des Lebens und des Universums öffnen können, sie in uns selbst spüren, uns selbst begreifen und erkennen, dass wir unser Leben selbst steuern können. Dieses Wissen ist an der Schwelle zum Erwachsenwerden von unschätzbarem Wert. Denn wenn du bereit bist dein Leben selbst in die Hand zu nehmen, dann hast du das wichtigste Zaubermittel schon in der Hand. Wenn du Vertrauen zu dir und zu deinen inneren Kräften hast, zu deiner Intuition und Weisheit, dann läuft bereits ein magischer Strom durch dich und dein Leben. Diese Magie beruht auf Liebe und Stärke und ist eine lebensbestimmende positive Kraft.

Weiterbildung in Sachen Magie und Zauberkunst

Sicher willst du viel mehr über Hexen wissen und dich hexenmäßig weiterbilden! Dafür findest du am Ende dieses Buches weitere Literaturhinweise und Adressen.

Dein Zauber-Ich

Um deinem Zauber-Ich auf die Spur zu kommen, solltest du dir ein kleines Buch anlegen, dem du deine magischen Geheimnisse anvertraust. Bei praktizierenden Hexen heißt es beispielsweise »Das Buch der Schatten«. In diesem geheimen Tagebuch notieren sie alle ihre Rezepte und Erfahrungen, ihre persönlichen Zaubersprüche, Träume und Rituale. So könntest du es auch halten.

Notiere dir hier deine wichtigsten Wünsche und Vorstellungen für deine Zukunft. Welches sind deine hervorragendsten Eigenschaften? Was möchtest du in deinem Leben behalten, was künftig anders machen? Welcher Weg soll dich dahin führen? Welche Erlebnisse möchtest du aufschreiben? Gab es Situationen, in denen du dich spirituell gefühlt hast? Schreib alles auf, was dir wichtig erscheint. Manche Zusammenhänge sieht man erst viel später.

Der Schlüssel zu deiner inneren Welt sind deine Träume. Sie geben Auskunft darüber, was dich bewegt – oft ohne dass es dir bewusst ist. Träume können dir helfen Probleme zu lösen, Stress zu verarbeiten und im Leben Sinn zu finden. Sie können dir auch eine höhere Ebene erschließen. Deine Träume solltest du deshalb in deinem Zauberbuch eintragen. Leg es mit einem Stift direkt an dein Bett und schreib morgens gleich nach dem Aufwachen hinein, was du von deinen Träumen behalten hast – und wenn es auch nur die Farben sind, an die du dich erinnerst. Schreib dir Stichworte auf, aber versuche keine Interpretationen mit einfließen zu lassen. Versuche nicht theatralisch oder tiefsinnig zu sein, dichte die Träume nicht zu Ende und schmücke sie auch nicht aus. Lass sie einfach so, wie sie dir morgens noch einfallen – auch wenn du momentan keinen Sinn darin siehst. Nach einer Weile wirst du feststellen, was sich in deinen Träumen besonders niederschlägt. Dann erst ist die Zeit gekommen, darüber nachzudenken und möglicherweise etwas in deinem Leben zu ändern.

Das kann in deinem Zauberbuch stehen:

Meine magischen
Fähigkeiten

Das kann ich
am besten

Mein Tierkreiszeichen

Mein Mondzeichen

Meine liebsten
Zauberkräuter

Meine besten
Zauberrituale

Mein liebstes
Hexen-Rezept

Meine beste Hexen-Freundin

Die sieben Hexen-Gebote

Damit all das, was wir jetzt über uns und unsere Wünsche erfahren, auch wirken und von uns umgesetzt werden kann, brauchen wir eine hexenmäßig positive Einstellung zu uns selbst. Dabei helfen die Hexen-Gebote:

1 — Sich in Harmonie denken

Jeder gute Gedanke bestimmt mit, ob wir uns rund und gesund fühlen oder nicht. Wer schlechter Dinge ist, löst im Körper nämlich eine ganze Kaskade von negativen Reaktionen aus, die schädliche Auswirkungen auf alles haben können, was wir tun und lassen, wie wir uns fühlen und welchen Einfluss wir auf unsere Umwelt ausüben. Auch andere Menschen werden davon negativ beeinflusst, wenn wir nicht im Reinen mit uns sind.

2 — An das Glück glauben

Wenn andere klagen, sagen wir uns, dass wir stark sind, dass wir gesund sind und es bleiben, dass das Glück uns hold ist. Das gibt Körper, Geist und Seele die nötige Power, sämtliche Kraftquellen fit zu machen.

3 — Sich gegen Unheil wehren

Selbst wenn uns etwas stört an unserem Leben, können wir durch unsere Gedanken den Kampf dagegen lenken. Auch Krankheiten und drohendes Unheil kann man mit positivem Denken die Spitze nehmen und das Abwehrsystem anreizen sich gegen Eindringlinge zu wehren. Wir müssen uns vor allem vorstellen, dass wir die Kraft haben, Schädlinge aus unserem Körper und unserem Leben zu vertreiben (natürlich nicht mit Schadenszauber!).

4 — Gefühle ausdrücken

Wenn uns etwas bedrückt, dann wollen wir uns dem stellen, es einfach aussprechen und versuchen Probleme zu lösen statt sie hinunterzuschlucken. Unbewältigter Stress beeinflusst uns nämlich auch negativ. Also weinen wir, wenn wir traurig sind! Seien wir wütend, wenn wir Ärger haben! Lasst uns toben, wenn wir sauer sind! Je eher diese Spannungen abgebaut werden, desto besser für unsere Ausgeglichenheit. Natürlich geben wir unserer guten Laune und unseren Glücksgefühlen ebenso Ausdruck: Wir lachen, wenn wir fröhlich sind, und umarmen die Welt, wenn wir glücklich sind.

5 — Herausforderungen annehmen

Es gibt für fast alle Probleme und Konflikte Lösungen und Auswege. Wir müssen das nur wollen. Sich im Kreise drehen und womöglich dabei immer noch über dasselbe klagen oder andere dafür verantwortlich machen ist schädlich und bringt uns keinen Millimeter weiter. Wer das Gefühl hat, dass es nichts gibt, was sich nicht bewältigen lässt, stärkt seine inneren Kraftquellen und körperlichen Abwehrkräfte. »Ich kann, was ich will« – das ist die magische Formel.

6 — Unser Hexen-Ego stärken

Wir sollten uns sehr genau überlegen, wann wir uns wofür einsetzen wollen. Nehmen wir uns nicht zu viel vor und setzen dann das, was wir uns vornehmen, auch wirklich in die Tat um. Grenzen wir uns da ab, wo etwas schädlich ist für uns. Sagen wir laut und deutlich »Nein«, wo wir etwas nicht wollen. Wo wir uns bedroht oder bedrängt fühlen, ziehen wir einen Schutzkreis um uns. Wir müssen nichts tun, wozu wir uns gezwungen fühlen. Dann schöpfen wir aus unserer Freundlichkeit und Hilfsbereitschaft unsere Kraft.

7 – Spaß am Leben haben

Genießen wir jeden Moment unseres Lebens! Wenn wir ange-strengt sind, versuchen wir uns bewusst Ausgleich zu schaf-fen: ein Spaziergang zu einem magischen Platz, ein rituelles Bad, ein wunderbarer Zaubermoment, ein toller Film, Gelächter mit den Freundinnen, ein Essen, auf das wir uns freuen, ein Frühstück im Bett, ein gutes Gespräch. Das Leben genießen und auch das kleine Glück schätzen – das kann man lernen!!!

Die Kraft der Rituale

Rituale finden wir in allen Kulturen und Erdteilen – sei es bei den alten Ägyptern, den Indianern, den Tibetern, den Indern oder den australischen Aborigines. Ein wichtiger Bestandteil dieser Zeremonien ist die rituelle Reinigung und die Erweiterung des Bewusstseins für höhere Mächte sowie die Eingebundenheit eines jeden einzelnen Menschen in das große Rad des Universums. Dazu gehören über viele Generationen weitergegebene Zeremonien, Traumdeutung, Meditationen und geistige Versenkung, die von den Kundigen und Eingeweihten initiiert werden. Ebenso häufig und weit verbreitet sind die Rauch- und Räucherzeremonien. Oft werden verschiedene Zeremonien gleichzeitig oder nacheinander zelebriert. Fast immer finden die wichtigsten bei Nacht statt, am besten bei einem bestimmten Mondstand.

WWW.BEWUSSTSEIN.DE

Was hat es nun mit den Ritualen – also diesen immer wiederkehrenden Handlungen – auf sich? Im Endeffekt brauchen wir sie, um gesund zu bleiben. Sie bieten uns eine Art Gerüst für die vielfältigen Anforderungen des Lebens. Leider haben wir viele unserer alten Rituale – vor allem die spirituellen – wegrationalisiert. Das betrifft auch eine Reihe von Festen und Feiern, die in früheren Zeiten gemeinsam begangen wurden. Solche Rituale dienten früher dazu, Krisen und Trauer abzufedern, zum Beispiel bei Dürreperioden oder wenn jemand gestorben war. Sie sollten die seelischen und körperlichen Selbstheilungskräfte aktivieren und den Menschen in der Spur des Lebens den richtigen Weg weisen. Da solche Rituale meist in der Gemeinschaft praktiziert wurden, gaben sie einem auch noch eine gehörige Portion menschlichen Rückhalt.

Doch eine Zeit lang galt es eben nicht als cool, sich mit den höheren Mächten in uns und außerhalb von uns anzufreunden. Das Bewusstsein von der inneren Verbindung zwischen Himmel und Erde und davon, dass wir nur kleine Rädchen im großen Ganzen sind, ist den meisten von uns deshalb verloren gegangen. Das hat zur Auflösung von festen Strukturen geführt und die Menschen vereinzelt oder gar einsam zurückgelassen. Manch einer ist nur noch online mit der Welt verbunden und spürt trotzdem irgendwo im Innern: Da war doch noch was, da muss es doch noch etwas geben.

Aber gerade Mädchen und Frauen sind für Rituale ganz besonders sensibel! Das ist auch einer der Hauptgründe dafür, warum sich viele von uns so sehr für alte Kulturen und andere Kulturen sowie deren Traditionen interessieren. Die Suche nach den verschütteten Quellen und Wurzeln muss und kann nur in uns selbst beginnen. Hier schlummern alle Antworten auf die Fragen, die uns bewegen.

Dein Hex-Platz

Bevor du mit dem Zaubern loslegst, musst du dir noch einen richtigen Hex-Platz aussuchen. Wahrscheinlich wirst du dich am liebsten in deinem Zimmer aufhalten und dich dort auch ungestört fühlen. Geh durch dein Zimmer und versuche verschiedene Plätze zu erspüren, stell dich mal hierhin, mal dorthin und schließe die Augen: Fühlst du dich angespannt oder eher angeregt? Der Platz soll ein ausgewogenes Gefühl in dir verursachen. Traditionell ist ein solcher Kraftplatz nach Norden oder nach Osten gerichtet. Aber entscheidend ist, dass du dich dort wohl fühlst. Vielleicht findest du ja auch zwei Hex-Plätze. Hast du einen Kraft-Platz gefunden, kannst du dir hier einen kleinen Altar errichten – eine Kommode, ein Tischchen, einen Kasten oder eine Konsole. Darauf gehören natürlich Kerzen, Blumen, Fotos, schöne Steine, Federn und was dir sonst noch gefällt. Wichtig ist, dass du zu allen Gegenständen eine Beziehung hast, sonst werden sie dir nicht zur Seite stehen können.

Nun solltest du deinen Hex-Platz mit Energie betanken: Zünde dir eine Kerze an und lass ihr Licht über alle Gegenstände auf dem Altar leuchten. Suche die Verbindung zu ihnen und erinnere dich, warum jeder einzelne dir wichtig ist. Verweile ein wenig bei jedem Gegenstand und jeder Erinnerung. Nun bedankst du dich bei den vier Elementen Feuer, Erde, Wasser und Luft und löschst die Kerze wieder.

Wenn du draußen einen Hex-Platz suchst, kannst du dich nach magischen Steinen oder Bäumen umschauen, vielleicht findest du einen Platz mit besonderer Stille oder einen, auf den der Mond besonders schön scheint. Wenn du dort zaubern willst, könntest du beispielsweise einen Kreis aus Blumen errichten. Es ist sicher klar, dass dein Hex-Platz, deine Kraftquelle und dein Altar nicht von anderen verunreinigt werden

sollten. Du musst versuchen sie vor dem Zugriff anderer Menschen und negativen Energien zu schützen. Aber das gilt sicher generell für dein Zimmer, das ja mit oder ohne Hex-Platz dein Allerheiligstes ist.

Leuchtendes Zubehör

Kaum eine Zauberei geht ohne Kerzen. Für Rituale und Beschwörungen sind sie unverzichtbar. Deshalb wird als Erstes ein Licht angezündet. Die Wahl der Kerzenfarbe spielt dabei eine große Rolle:

Weiß   steht für Reinigung, inneren Frieden, für Klarheit und Neubeginn.

Blau   steht für Glück und Erfolg, es hilft bei Angst und Trennungsschmerz.

Orange   steht für Fruchtbarkeit, Kraft, Lebensfreude und stimuliert die Herzenswärme.

Rot   steht für Liebe, Leidenschaft, die Bindung zweier Herzen, außerdem kann es den Kampfgeist stärken.

Grün   steht für Erfolg in Schule, Ausbildung und Beruf, für Wachstum und Gewinn.

Rosa   steht für spirituelle Kraft, für die Lösung von seelischen Blockaden.

Gelb   steht für Befreiung und Anziehungskraft, wenn ein Liebster gewonnen werden soll.

Lila   steht für geistige Größe, für die Verbindung zum Universum, für Kreativität.

Gold   steht für innere Reinigung, göttliche Energie und Schutz vor schädlichen Fremdenergien.

••• Vor dem Gebrauch werden die Kerzen oft noch eingeölt, um ihre Wirkung zu unterstreichen. Welches Kräuteröl sich für welchen Zweck eignet, erfährst du auf Seite 39. Wenn du keine passende farbige Kerze hast oder wenn du einfach nur ein wenig meditieren willst, nimmst du am besten eine weiße Kerze. •••

Sinnliches Räucherwerk

In allen Kulturen hat es Räucherungen gegeben, die spirituelle Rituale unterstützen sollten. Bei einer Vielzahl von religiösen Zeremonien wird heute noch symbolträchtiger Rauch erzeugt. Zum einen unterstützen die Wirkstoffe des Geräucherten eine rauschähnliche Bewusstseinserweiterung, die die Kontaktaufnahme zu den Göttern erleichtern soll. Zum anderen symbolisiert der zum Himmel aufsteigende Rauch schon optisch die Verbindung zu den Göttern oder Anderwelten. So sind Kerzenlicht, Rauch und Düfte die wichtigsten Hilfsmittel für die sinnliche Konzentration. Räucherwerk führt uns in anderen, Erlebnistiefen und hilft uns locker zu lassen. Hölzer, Harze, Wurzeln und Blüten wecken die Phantasie und unterstützen die Kraft der Vision. Am bekanntesten ist der Weihrauch, der die göttliche Verbindung des Menschen darstellt. Noch heute wird Weihrauch ja auch in der katholischen Kirche verwendet. Weihrauch in ägyptischer Sprache bedeutet »der Göttlichmacher«.

Am häufigsten werden Mischungen aus aromatischen Hölzern, getrockneten Pflanzen oder Harzen für Räucherungen verwendet. Je nachdem, welche Gefühle mit dem Rauch unterstützt werden sollen, lassen sich unterschiedliche Düfte empfehlen. Willst du einfach, dass dein Zimmer schön duftet, willst du in deinem Badezimmer eine besondere Stimmung erzeugen, erwartest du einen lieben Menschen zu Besuch, willst du erotisches Flair verbreiten, meditieren oder einen Zauber bewirken? Du kannst dir entsprechende Räuchermischungen kaufen oder selbst zusammenstellen.

Die Räuchermischungen werden heute in speziellen kleinen Räucheröfchen oder Pfännchen verbrannt, von denen es inzwischen eine Vielzahl zu kaufen gibt. Einfacher geht es mit den bekannten Räucherstäbchen und Räucherkegeln. Eine andere Möglichkeit, Duft zu erzeugen, sind Duftlampen und Zimmerbrunnen, in die ätherisches Öl geträufelt wird und die es in vielen Formen und Macharten heute in Bioläden oder esoterischen Läden zu kaufen gibt.

∿∿

Bezugsadressen findest du am Ende dieses Buches.

∿∿

Die bekanntesten Räucherstoffe sind:

Akazienholz
>   ist als Gummiarabikum bekannt und riecht besonders köstlich.

Galbanum
>   riecht scharf und kräftig und braucht mildernde Begleitstoffe.

Mastix
>   ist das Harz der Pistazie. Es stärkt die meditativen, übersinnlichen Kräfte.

Myrrhe
>   ist ein Baumharz mit betörendem Duft.

Sandelholz
>   ist einer der beliebtesten Duftstoffe, es fördert die Stille und beruhigt den Geist.

Weihrauch
>   – auch Olibanum genannt –
>   wirkt beruhigend, ja geradezu betäubend.
>   Die Stimmung hellt sich auf, Nervosität legt sich und der Geist hebt sich gen Himmel.

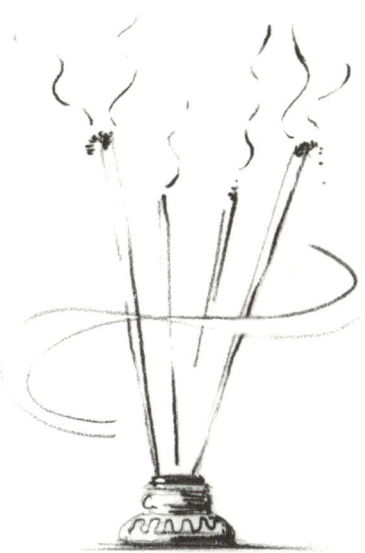

Mit dieser Räuchermischung entfachst
du deine Sinnlichkeit:

8 *Teile Olibanum*   4 *Teile Rosen*
4 *Teile Sandelholz*   2 *Teile Moschus*
4 *Teile Zimt*   2 *Teile Jasminblüten*
2 *Teile Iriswurzel, geschnitten*

Alle Zutaten grob mahlen und zu einer Paste verkneten. In ein
Räucherpfännchen geben und den Duft im Raum verströmen
lassen.

*Aus den auf Seite 39 aufgeführten ätherischen Ölen kannst du
den zu deiner Stimmung passenden persönlichen Mix
zusammenstellen.*

Zaubermischungen für die Duftlampe

Zur Beruhigung:
2 Tropfen Bergamottöl
2 Tropfen Lavendel
1 Tropfen Orangenöl

Für Erfolg:
2 Tropfen Basilikumöl
2 Tropfen Pfefferminze

Für geistige Heimat:
3 Tropfen Rosenöl
2 Tropfen Rosmarinöl
1 Tropfen Lavendelöl

Für Erotik und Liebe:
5 Tropfen Rosenöl
2 Tropfen Sandelholz
2 Tropfen Moschusöl

Zum Träumen:
2 Tropfen Geranienöl
2 Tropfen Sandelholz
2 Tropfen Jasmin
2 Tropfen Ylang-Ylang

Hexische Power-Beads

Auch Steine haben für Hexen eine besondere Bedeutung. Sie können ebenfalls einen Zauber verstärken oder abmildern. Sie können beschützen und gegen Krankheiten stärken. Die Behandlung mit Edelsteinen ist heute in alternativen Kreisen sehr beliebt. Bei jungen Leuten sind sie als Power-Beads im Trend, doch dahinter steckt nichts anderes als altes Hexen-Wissen.

Die schönsten Steine kommen natürlich auf den Altar. Für manche Rituale werden die Steine nach ihrer Wirkung verwendet, etwa indem sie im Kreis um die Ritualkerzen gelegt werden. Aber auch als Kette oder Armband getragen, können sie ihre magische Wirkung entfalten. Steine brauchen allerdings Zeit, um ihre Wirkung entfalten zu können. Die Steine werden – wie bei den Zauberritualen – nach deren Wirkung ausgesucht, den man mit ihnen erreichen möchte. Wer Steine am Körper tragen will, kann sie auch nach seinem Sternzeichen auswählen. Diese geheime Kraft schlummert in Steinen:

Achat	bringt Glück, hilft Hass überwinden.
Amethyst	wirkt gegen Stress und stärkt das Verantwortungsgefühl.
Aquamarin	hilft bei Mutlosigkeit.
Bergkristall	schenkt Mut und Klarheit.
Bernstein	gibt Lebensmut und Wärme in Krisenzeiten.
Jade	unterstützt innere Ausgeglichenheit und Heilung, schenkt Reichtum.
Lapislazuli	macht das Herz weicher und schenkt Mitgefühl.
Mondstein	inspiriert die Liebe und verstärkt die Anziehungskraft.
Onyx	verstärkt die Geduld.
Opal	sensibilisiert den Geist für Natur und Schönheit.
Perlen	machen stark gegen Angst.
Perlmutt	fördert spirituelles Wachstum, Kraft und Mut.
Rosenquarz	bringt die Liebe auf die Beine.
Tigerauge	schenkt Mut, Erfolg und Ehrgeiz.
Türkis	schützt vor bösen Geistern und negativen Energien.

Diese Steine passen zu deinem Sternzeichen:

Widder		Amethyst, Perlmutt
Stier		Perlmutt, Rosenquarz
Zwilling		Perlmutt, Tigerauge
Krebs		Jade, Perlmutt, Rosenquarz
Löwe		Bergkristall, Perlmutt, Tigerauge
Jungfrau		Jade, Perlmutt, Tigerauge
Waage		Jade, Perlmutt
Skorpion		Perlmutt
Schütze		Amethyst, Lapislazuli, Rosenquarz
Steinbock		Onyx, Perlmutt
Wassermann		Jade, Onyx
Fische		Opal, Türkis

Der geheime Zauber von Pflanzen und Kräutern

Blumen, Pflanzen, Kräuter und Gewürze sind ein wesentlicher Bestandteil von Zaubereien und Ritualen nicht nur bei den Hexen, sondern schon seit jeher in allen Kulturen. Generell bringen ätherische Öle aus Kräutern und Pflanzen den Stoffwechsel in Schwung und öffnen die Sinne. Wissenschaftlich hört sich das so an: Duftsignale werden auf drei bis vier Quadratzentimetern Nasenschleimhaut eingefangen und in einem Bruchteil von Sekunden über 15 Milliarden Nervenleitungen ins limbische System gejagt. Das ist der Teil unseres Gehirns, der unsere Gefühle steuert. Hier wird spontan über Sympathie und Antipathie, über Abscheu und Lust entschieden. Vor allem unsere Partner wählen wir mehr mit der Nase als mit dem Verstand.

Einigen Blütendüften werden extreme Anziehungskräfte nachgesagt, Jasmin gilt beispielsweise als besonders verführerisch, weil es an den menschlichen Sexualduft erinnert. Ylang-Ylang betört, die Lilie erotisiert, Rosen lassen schmachten, heißt es. Die Tuberose verströmt einen Duft, der dem weiblichen Geschlechtsduft ähnlich sein soll. Neben Zibet, Bibergeil und Ambra gilt Moschus als das Mittel schlechthin, das Wohlgefühl und Wollust mit einem sinnlichen Nasenkitzel verbindet. Moschus, Ambra und Sandelholz wollen Forscher auch in unseren menschlichen »Sexuallockstoffen« entdeckt haben.

Jeder von uns hat eine einzigartige Geruchswahrnehmung: Zwei Leute, die denselben Duft riechen, werden ihn unterschiedlich wahrnehmen. Umgekehrt entfaltet sich auch jeder Duft bei jedem Menschen anders. Es macht also wenig Sinn, einen entschwundenen Liebsten mit dem Parfüm der Nebenbuhlerin zurückgewinnen zu wollen. Übrigens: Wenn sich eine Liebe verflüchtigt, bleibt uns immer noch ihr Duft in der Nase. Wenn wir ihn riechen, werden die vergangenen Gefühle wieder wach – zumindest nasenmäßig. Unser Riechorgan ist damit gewissermaßen ein »Tempel der Erinnerung«. Versuch einmal dich an verschiedene Düfte zu erinnern – vielleicht aus deiner Kindheit, der deiner liebsten Freundin oder der deiner ersten Liebe. Du solltest diese Dufterinnerungen in deinem Zauberbuch notieren.

Aber die ätherischen Öle wirken nicht nur über die Nase: Sie dringen auch über die Haut in den Körper ein, gelangen in die Blutbahn und entfalten dort ihre vielfältigen Wirkungen. Beim Einmassieren eines Öls werden zudem die Haut erwärmt, die Muskeln entspannt und der Kreislauf angeregt. Ätherische Öle sind ebenfalls ein ganz beliebter Badezusatz, den man nach Stimmung, Lust und Laune auswählen und mit anderen mischen kann. So entstehen ganz individuelle Mixturen für alle Lebens- und Liebeslagen.

Hexen aufgepasst!

Duftöle sind hoch konzentrierte Substanzen und sollten als Badezusatz oder Massageöl nie unverdünnt verwendet werden. Meist mischt man sie mit einem so genannten Basisöl, das die Haut nicht reizt. Die bei Rezepten zum Mischen von Massageölen oder Badezusätzen angegebenen Mengen sollten deshalb nicht überschritten werden. Wenn du unter einer chronischen Krankheit leidest, schwanger oder gegen etwas allergisch bist, musst du vorher klären, welche Öle du verträgst und welche Öle nicht!

Die wichtigsten Hexen-Öle sind:

🌱 **Mandelöl**

Das leichte und milde Öl wird durch die kalte Pressung von süßen Mandeln gewonnen. Es eignet sich ideal als Basisöl zur Massage und für jeden Hauttyp. Mandelöl ist preismäßig vergleichweise günstig.

🌱 **Bergamottöl**

Das Öl der zitronenähnlichen Pflanze kommt zum Teil aus Marokko, sein Duft ist süß und exotisch, es hebt die Stimmung und beruhigt die Haut.

🌱 **Geranienöl**

Das Öl entsteht bei der Wasserdestillation. Es belebt und muntert auf, macht trockene Haut zart.

🌱 **Jasminöl**

Kommt aus Ägypten, dem Iran, dem Libanon und Marokko. Es hat eine intensive rubinrote Farbe und einen warmen, blumigen Duft. Es beruhigt die Nerven.

🌱 **Zitronenöl**

Das Öl wird aus der Schale herausgepresst und hat einen scharfen, erfrischenden Duft. Die Zitrone hat vielfältige Wirkungen und ihr Öl gehört zu den wichtigsten ätherischen Ölen. Es wirkt antiseptisch, ist gut für Haut und Haare und schützt gegen negative Energien.

🌱 **Myrrhenöl**

Myrrhe hat einen ganz typischen Duft, der auch der älteste ist, der jemals erwähnt wurde. Die Ägypter verwendeten ihn zum Einbalsamieren ihrer Toten. Myrrhe ist ein wunderbares Öl für die Hautpflege, es hilft bei der Wundheilung – zum Beispiel bei entzündetem Zahnfleisch. Myrrhe, Neroli, Weihrauch, Rosengeranium und Lavendel sollen einen verjüngenden Effekt auf die Haut haben.

Neroliöl

Aus den Blüten des Bitterorangenbaums wird bei der Wasserdestillation das kostbare Öl gewonnen. Es hat eine blassgelbe Farbe und ein starkes exotisch-blumiges Aroma. Auch das bei der Gewinnung entstehende Orangenblütenwasser kann verwendet werden. Neroliöl hilft bei unreiner Haut und lindert Entzündungen.

Weihrauchöl: Olibanum – Öl des Libanon –

wird aus dem Harz des kleinen Weihrauchbaumes gewonnen. Es hat ein pfefferartiges Aroma und wirkt entzündungshemmend, stillt Blutungen und fördert die geistige Versenkung.

Orangenöl

Das frisch duftende Öl wird durch Auspressen aus der Schale gewonnen. Es ist nicht lange haltbar, da es rasch oxidiert. Orangenöl stärkt und regt das Nervensystem an, es beruhigt die Haut, durchblutet die Muskeln besser und wirkt lindernd bei Entzündungen.

Patschuli

Das Öl, das ursprünglich aus dem fernen Osten stammt, ist dunkelrubinrot und verbreitet einen schweren Duft. Es wirkt pilztötend, antiseptisch und macht sinnlich.

Pfefferminzöl

Die Pfefferminze ist eine der wichtigsten Pflanzen und Gewürze. Ihr blassgelbes Öl riecht stark und frisch. Es belebt und kühlt die Haut, vertreibt Schlaflosigkeit, lindert Kopfweh und Erkältungsbeschwerden.

Rosmarinöl

Bei der Wasserdampfdestillation entsteht ein frisches, aromatisches Öl, das eine Reihe von positiven Wirkungen hat. Es wirkt straffend auf die Haut, verbessert die Blutzirkulation und lindert Hautirritationen. Rosmarinöl wirkt anregend und hebt die Stimmung.

Salbeiöl

Das Öl hat ein typisches, intensives Kräuteraroma, es hilft gegen alle Erkältungsbeschwerden, reinigt das Blut, macht die Nerven munter und beruhigt die Haut.

Sandelholzöl

Das dickflüssige Öl des indischen Baumes hat einen feinen beruhigenden Duft, es entschlackt das Gewebe und hilft bei Hautproblemen.

Thymianöl

Die Pflanze ist eine der ältesten Heilpflanzen und Würzkräuter. Das Öl hat einen würzigen Kräuterduft, es wirkt allgemein anregend, antiseptisch, hilft bei Erschöpfung, regt den Kreislauf an, lindert Haarausfall und Hautprobleme.

Ylang-Ylang

Der Baum stammt ursprünglich aus dem Fernen Osten, das Öl hat einen warmen exotischen Duft, es reguliert den Blutdruck, stimuliert die sexuelle Lust, macht die Haut widerstandsfähiger und ist nützlich bei der Haarpflege.

Vielen Ölen und Kräutern werden neben ihrer allgemeinen positiven Wirkung noch übergeordnete Kräfte nachgesagt. Die wichtigsten Wirkungen der Hexen-Öle sind folgende:

Anis hilft gegen Wut und Ärger.

Basilikum steht für Liebe.

Borretsch bringt Mut.

Engelwurz schenkt Inspiration.

Fenchel fördert Schmeichelei.

Gänseblümchen steht für Unschuld.

Gelbe Rose signalisiert Untreue.

Glockenblume verheißt Beständigkeit.

Kamille fördert die Geduld, ist Balsam für die Seele.

Kerbel führt zu Aufrichtigkeit.

Lavendel glättet die Nerven, bringt Ruhe.

Lilie verheißt Reinheit.

Majoran bringt Glück.

Malve unterstützt die Durchsetzungskraft.

Minze hat Weisheit in sich.

Nelke fördert die Nachdenklichkeit.

Petersilie bringt Lebenslust und Sinnlichkeit.

Pimpinelle steht für Fröhlichkeit.

Rosmarin vertreibt böse Geister, macht vital.

Rote Rose öffnet das Herz für die Liebe.

Salbei steht für Wertschätzung und innere Reinigung.

Stiefmütterchen heißt Verehrung.

Veilchen signalisiert Treue.

Weihrauch erhellt die Sinne.

Weinraute bringt Anmut.

Magische Baderituale

Bevor du mit deinem Zauber beginnst, solltest du ein Reinigungsritual vollziehen. Entweder lässt du dir ein Bad ein oder machst eine rituelle Waschung. Verschiedene Zauberöle können dabei schon ihre Wirkung entfalten. Aber denk bitte daran, dass das Öl nie unverdünnt auf die Haut kommen sollte.

Auch deine Seele liebt das Wasser: Es beruhigt und entspannt die Nerven. Ein angeschlagenes und gestresstes Nervenkostüm wird durch ein Wannenbad wieder fit und für weiteren Zauber oder einfach Mußestunden vorbereitet. Das Plätschern von Wasser und das Rauschen vom Meer gehen über das Ohr direkt an die Nerven und »glätten« sie. Um deine Kräfte zu bündeln und um innere Kraftquellen anzuzapfen, kannst du auch das Badezimmer zum Hex-Platz erklären und dich nach allen Regeln der Hexen-Kunst der Magie des Badens hingeben. Und so geht es:

〰 Schalte dein Telefon oder Handy aus! Ebenfalls den Anrufbeantworter und das Faxgerät. Am besten killst du auch noch die Türglocke, wenn sich das mit deiner Familie vereinbaren lässt. Du musst nämlich nicht immer erreichbar sein! Zünde dir Kerzen und Duftkerzen im Badezimmer an! Oder richte dir ein Duftlämpchen her.

〰 Verwöhne dich mit einem Blumenbouquet! Am schönsten sind Rosensträuße. Wer es sich leisten kann, verstreut Rosenblätter im Badezimmer, zumindest aber im Badewasser. Hexenmäßig sind aber auch selbst gepflückte Wiesensträuße, bunte Herbstblätter und Früchte – zum Beispiel Hagebutten. Eine Hand voll Gänseblümchen, die auf dem Badewasser schwimmt, spendet dem Bad spirituelle Reinheit.

〰 Dekoriere dein Badezimmer in deinen Lieblingsfarben! Es gibt preiswerte Seidenstoffe im Kaufhaus; sie eignen sich später auch als Partydeko. Achte aber darauf, dass die Stoffdeko nicht in die Nähe der brennenden Kerzen kommt.

〰 Lass das Licht aus!

〰 Lege ruhige, entspannende Musik auf! Lass sie leise auf Autoreverse laufen. Du kannst auch Wassermusik oder Sphärenklänge auswählen.

〰 Stell dir frische Früchte an die Wanne! Und natürlich eine Kanne mit deinem Lieblingshexentee.

〰 Achte auf eine mollige Raumtemperatur! Im Bad sollte es schön warm sein, damit du dich rundum wohl fühlst und nicht frierst.

〰 Suche dir besonders flauschige Handtücher und einen kuscheligen Bademantel zum Einmummeln!

〰 Luffaschwamm oder Massage-Handschuhe bereitlegen!

〰 Such dir nun einen Badezusatz aus! Er sollte zu deiner Stimmung passen oder dem, was du erreichen möchtest, entsprechen. Stell dir aus Duftölen deine Lieblingsmischung her oder verwende eine der nachfolgenden Bademischungen.

🖐 Mache alles fertig! Kassettenrekorder an, Kerzen an, Badewasser einlaufen lassen.

🖐 Dann verlässt du den Raum! Versuche draußen dich auf dein Hexen-Bad zu konzentrieren. Du willst dir jetzt etwas Gutes tun und solltest dich völlig darauf einlassen. Du hast Zeit. Das Gefühl, keine Zeit zu haben, entspringt meist dem inneren Druck, hat aber wenig mit der realen Zeit – also der Stunde, den anderthalb oder zwei Stunden – zu tun, die man sich gönnt. Atme tief durch und lass den Alltag hinter dir. In diesen zwei Stunden bricht die Welt nicht zusammen, becirct dein Angebeteter keine andere, bekommen die lieben Eltern kein Vernachlässigungssyndrom, wird deine Schule dir keinen bösen Brief schicken und Oma und Opa nicht auf der Stelle tot umfallen. Es ist DEINE Zeit.

🖐 Tritt in das Badezimmer ein, als wäre es etwas Neues! Öffne dich mit allen Sinnen: Nimm die Düfte wahr, die Musik, das Licht der Kerzen, die Farben von Seide und Handtüchern.

🖐 Schüttele deine Schultern und atme einmal tief aus und ein! Stelle dir dabei eine sanft plätschernde Wasserquelle vor. Innere Unruhe, fliegende Gedanken werden von dieser Quelle angezogen, sammeln sich dort und versickern allmählich auf den Grund. Während die Quelle deine Sorgen und die Unruhe aufnimmt, atmest du tief und ruhig. Du wirst bald merken, wie sich dein Gefühl für Zeit verändert und wie in deinen Körper eine tiefe Ruhe einzieht.

🖐 Entspanne nach und nach alle Muskelpartien! Die Arme, den Bauch, den Rücken, die Beine... Denke nicht an deine Probleme, deinen Liebeskummer, den Streit mit deiner Freundin, schlechte Noten in einem bestimmten Fach ... Vertag es einfach, nachher ist immer noch früh genug. Atme tief durch und achte auf den Duft der Kräuter.

🖐 Beginne nun mit einer ausführlichen Ganzkörpermassage!

Mit dem Massagehandschuh schrubbst du alle alten Hautteilchen herunter und beginnst gewissermaßen eine Häutung.

🧹 Dann geht es ab in die Wanne! Bleib drinnen, solange es dir gut tut.

🧹 Jetzt ruhe dich aus! Anschließend ist Zeit, warm eingekuschelt ein wenig auf dem Bett oder dem Sofa nach innen zu schauen. Schließe die Augen und nimm Kontakt zu deinem neuen Körpergefühl und deiner erhöhten Sensibilität auf.

🧹 Dann kannst du ans Zaubern gehen! Vielleicht bist du aber auch so relaxed, dass du lieber noch eine Weile deinen Gedanken nachhängen möchtest.

Bademischungen für Hexen

Für eine Bademischung solltest du immer das Öl oder Kraut auswählen, das du in deiner derzeitigen Verfassung gerade am liebsten riechen magst. Gib einen Löffel Sesam- oder Mandelöl als Basis ins Wasser oder mische es vorher mit dem Öl deiner Wahl.

In der Badewanne wirken:

Anregend und durchblutungsfördernd:
Engelwurz, Wacholder, Arnika, Muskatnuss, Rosmarin, Lorbeer und Kampfer

Beruhigend und entspannend:
Melisse, Sandelholz, Majoran, Fenchelöl

Bei Stress und Sorgen:
Geranie, Kamille, Lavendel

Bei Erschöpfung:
Sandelholz, Ylang-Ylang, Wacholder

Wegträumbad

50 g Rosenblätter
20 g Pfefferminzblätter
3 Tropfen Rosenöl oder Rosengeraniumöl
2 Esslöffel Bienenhonig

Die getrockneten Pflanzenteile in ein Säckchen geben und zubinden. In der Badewanne mit etwas kochend heißem Wasser übergießen, sodass das Säckchen bedeckt ist. Etwas ziehen und dann warmes Wasser einlaufen lassen. Das Rosenöl mit dem Bienenhonig verrühren und dazugeben. Das Kräutersäckchen während des Badens ab und zu ausdrücken. Das Bad wirkt beruhigend und macht die Muskeln locker.

Liebesbad

4 bis 5 Esslöffel Sahne   *3 bis 5 Tropfen Rosenöl*

Die beiden Zutaten in ein Schälchen geben und gut miteinander verrühren. Das Öl braucht die Sahne, um sich richtig entfalten zu können. Dann langsam in das warme Badewasser tröpfeln lassen. Milch und Rosen fördern die Liebe.

Sinnliche Mischung

4 Tropfen Bergamottöl   *3 Tropfen Rosenöl*
2 Tropfen Bayöl   *1 Becher Sahne*
1 Tropfen Ylang-Ylang

Alle Öle gut mit der Sahne verrühren und in das warme Wasser tröpfeln lassen. Das Bad weckt deine Sinnlichkeit und öffnet dich.

Mit Milch und Honig fließen

1/2 l Milch
1/4 l Sahne
3 bis 4 Esslöffel flüssigen Honig
einige Tropfen eines deiner ätherischen Lieblingsöle

Alles miteinander verrühren, darauf achten, dass sich der Honig gut auflöst, und die duftende Mischung in das warme Badewasser geben. Du kannst das Rezept durch eine Mischung ätherischer Öle bereichern, zum Beispiel mit

5 Tropfen Sandelholzöl	5 Tropfen Bergamottöl
2 Tropfen Kardamomöl	5 Tropfen Geraniumöl
2 Tropfen Korianderöl	1 Tropfen Pfefferöl

Hexen-Rezept für schöne Haut

1 Hand voll Salz vom Toten Meer (Apotheke)
1 Tasse Bienenhonig
1 l warme Milch auf
1/2 Teelöffel Weizenkeimöl

Gib das Salz ins warme Badewasser. Dann löst du den Honig in der Milch auf, gib das Weizenkeimöl dazu und dann ab ins Badewasser damit. Das macht die Haut weich und widerstandsfähig zugleich.

Buttermilchbad für streichelzarte Haut

Gib drei Liter Buttermilch ins Badewasser, öle dich selbst mit Weizenkeimöl ein und steig so ins Wasser, danach möglichst kalt abduschen. Macht die Haut streichelzart.

Königin der Mondnacht

1/2 Tasse Orangenschalen   *1 Tasse Lavendelblüten*

*je 1/4 Tasse Thymian, Rosmarin, Salbei, getrocknete Rosenblätter,
Pfefferminzblätter und ein paar zerstoßene Nelken*

Alles gut mischen und in eine Dose gießen. Für ein Wannenbad ein Viertel dieser Mischung aufkochen, ziehen lassen und
in die Badewanne gießen. Das Bad macht dich stark und unan-
tastbar.

Reinigungsmeditation spezial

20 g Seifenflocken   *4 Tropfen Lavendelöl*

6 Tropfen Eukalyptusöl   *4 Tropfen Rosmarinöl*

Flocken im Badewasser auflösen, dann die ätherischen Öle
hinzutun. Mit diesem Bad reinigst du Körper und Geist.

Gewürzbad

2 Tropfen Rosenöl   *4 Tropfen Sandelholzöl*

2 Tropfen Vanilleöl   *2 Esslöffel Mandelöl*

1 Tropfen Zimtöl

Alle Öle im Mandelöl verrühren, langsam ins Badewasser
geben und dann in die sinnlichen Wellen eintauchen und mit
dem Universum Verbindung aufnehmen.

Ebbe-und-Flut-Bad

Dieses ist ein wunderbares Bad für Vollmondnächte, in denen man sich den kosmischen Gezeiten hingeben kann. Dabei solltest du am besten keine Kerzen anzünden, sondern das Mondlicht ins Badezimmer scheinen lassen. Dann schließt du in der Wanne die Augen und stellst dir vor, du lägest an einem mondbeschienenen Strand in warmer Luft und würdest die Wellen der hereinströmenden Flut oder des abdriftenden Wassers spüren.

30 g getrocknete Algen   *12 Tropfen Minzöl*
1 Esslöffel Salz aus dem   *8 Tropfen Zitronengrasöl*
    Toten Meer (Apotheke)   *5 Tropfen Jasminöl*
1 Teelöffel Rhassoul

Die Algen bereitest du nach Vorschrift vor, die anderen Zutaten mischst du gut miteinander durch und lässt sie eine Stunde ziehen, damit sich die Aromen entfalten können. Dann den Algensud ins Badewasser einfließen lassen und die Reinigungs-Duft-Mischung hinzugeben.

Blütenzauberbad

30 g getrocknete Rosenblätter   *10 Tropfen Rosenöl*
30 g getrocknete Lavendelblüten   *15 Tropfen Jasminöl*
2 Esslöffel getrockneter Thymian   *10 Tropfen Moschusöl*
10 Tropfen Lavendelöl

Rosen- und Lavendelblüten mit dem Thymian in zwei Liter Wasser geben, kräftig umrühren, Deckel drauf, aufkochen und dann fünf Minuten leise köcheln lassen. Anschließend sollte die Mischung noch 15 Minuten ziehen, dann seihst du den Sud ab und gibst ihn in das einlaufende Badewasser. Nun noch die Blütenöle dazu, umrühren und fertig. Nun kannst du abtauchen.

Heilendes Liebesbad

Auch wenn dich einmal wieder ein heftiger Liebeskummer plagt oder ein Junge dir auf die Zehen getreten ist und dich verletzt hat, bist du in der Wanne bestens aufgehoben. Mit dieser Bademischung hilfst du deinem Herzen bei der Heilung:

1 Hand voll rosa Nelkenblätter　　*20 Tropfen Rosmarinöl*
15 Tropfen Nelkenöl　　　　　　*1 kräftigen Schuss Aloe*

Alles in das einlaufende Badewasser geben, Nelkenblätter zum Schluss einstreuen, abtauchen und die Seele baumeln lassen. Die Nelken unterstützen die Heilung. Profi-Hexe Lexa Rosean empfiehlt noch sich vor dem Bad mit drei oder fünf weißen Nelken zu reinigen. Dazu bürstest du dich mit den Blüten von Kopf bis Fuß und streifst damit deine unglückliche Liebe ab. Danach unbedingt die Stiele zerbrechen, denn die Blumen haben den Schmerz und den Kummer aus deinem Körper gezogen. Die negative Energie steckt jetzt in den Nelken. Nach dem Bad stellst du dich für etwa zwanzig Minuten vor den Spiegel und betrachtest dich in aller Ruhe. Dabei sagst du dir schöne und aufbauende Dinge. Sprich dir Mut zu und sag dir, wie einzigartig du bist. Auch wenn es dir albern vorkommt: Lass diesen Teil des Rituals nicht aus, denn er ist sehr wichtig für die Heilung deines Herzens.

Die Zauberkraft von Kräutern und Gemüsen

Auch die Farben von Nahrungsmitteln nehmen Einfluss auf unsere Stimmungen. Deshalb kann man sie gezielt in der Hexen-Küche einsetzen:

Rot steigert die Leistung, hebt die Stimmung, reinigt den Körper und fördert die Lebensenergie. Zu den besonders wirkungsvollen roten Nahrungsmitteln gehören Hagebutte, Klatschmohn, Rote Bete und Rosen.

Orange stimuliert die Atmung und sorgt für heitere und gelassene Stimmung. Zu den orangefarbenen Nahrungsmitteln gehören Kürbis, Orangen, Möhren und Mango.

Gelb harmonisiert den Energiefluss, spendet Kraft und regt die Denktätigkeit an. Zu den besten gelben Nahrungsmitteln gehören Zitronen, gelbe Äpfel, gelber Paprika, Dinkel und Löwenzahn. Safran, Kurkuma und Curry gelten als heilende und stimmungsfördernde gelbe Gewürze.

Hellgelb – Lemon – macht meditativ und offen für größere Zusammenhänge. Zu den lemonfarbenen Nahrungsmitteln gehören Artischocke, Avocado, Olivenöl, Zitronen und Limonen.

Grün besitzt die stärkste Heilkraft von allen Farben, entgiftet Geist und Seele und löst Glücksgefühle aus. Zu den wirksamsten grünen Nahrungsmitteln zählen natürlich alle Kräuter, grüne Salate, Brokkoli, Spinat und Kohl.

Rosa macht das Herz frei und sorgt für Herzenswärme. Zu den rosafarbenen Nahrungsmitteln gehören alle roten Beerenfrüchte, Rhabarber und Rosenblätter.

Blau beruhigt die Nerven und fördert erholsamen Schlaf. Zu den blauen Nahrungsmitteln zählen Pflaumen, blaue Trauben sowie die Blüten von Borretsch und Thymian.

Magischer Blütenzauber

Wusstest du, dass man ätherische Öle und von vielen Pflanzen auch die Blüten in der Küche verwenden kann? Essbare Blüten, die neben den genannten Hexen-Kräutern in deiner Hexen-Küche verwendet werden können, sind:

Anisysop, Malve, Schafgarbe, Stockrose, Engelwurz, Zitronengras, Duftpelargonie, Kapuzinerkresse, Honigmelone, Salbei, Zitronenverbene, Monarde, Blattpfeffer, Gewürztagetes, Ringelblume, Gänseblümchen, Chrysantheme, Nelke, Fuchsie, Nachtkerze, Veilchen, Stiefmütterchen und *Akazie.*

Du kannst die Blüten auf Salate, Suppen oder Desserts streuen.

Rezepte
aus Hexen-Küche und Hexen-Garten

Löwenzahnsalat für einen besseren Durchblick

Dieses Rezept steigert deine übersinnlichen Fähigkeiten. Jungen Löwenzahn findest du im Frühjahr auf wilden Wiesen oder im guten Gemüsegeschäft.

300 g Löwenzahn
100 g Speck in ganz feinen Würfeln
1 fein gehackte Zwiebel

1 fein gehackten Knoblauch
1 Esslöffel Weißweinessig
3 Esslöffel gutes Olivenöl

Den Speck auslassen, bis er gut gebräunt ist, Fett abschütten. Aus Zwiebeln, Knoblauch, Essig und Öl eine Salatsoße rühren und über den gewaschenen und gut getrockneten Löwenzahn gießen, darüber die Speckwürfel geben.

Beltane-Bowle verleiht Flügel

1 l Apfelsaft, naturtrüb
1 Flasche Mineralwasser
1 Sträußchen Waldmeister

Saft in einen Krug füllen, das Waldmeister-Sträußchen hineinhängen. Eine Stunde ziehen lassen, wieder herausnehmen und mit Mineralwasser auffüllen. Waldmeister macht wach, kreativ und fröhlich.

Power-Suppe für den Abend vor einer Klassenarbeit

Um die Kräfte für den nächsten Tag zu sammeln und zu bündeln, eignet sich vor allem folgende Power-Suppe:

1/2 l Gemüsebrühe aus dem Reformhaus
(es kann aber auch frisch gekochte Hühnerbrühe sein)
1/2 Sellerieknolle in feinen Würfeln
1 Petersilienwurzel in feinen Streifchen
2 Kartoffeln in Würfeln
1/8 l süße Sahne
2 Bund Schnittlauch

Brühe nach Vorschrift zubereiten, Gemüse und Kartoffeln bissfest darin garen, süße Sahne dazugeben und etwas einköcheln lassen. Suppe mit dem Pürierstab pürieren oder durch ein Sieb ausdrücken. Gehackten Schnittlauch darüber geben, Suppe ordentlich heiß essen. Danach nicht mehr an die bevorstehende Arbeit denken, am besten ein schönes Bad nehmen und früh schlafen gehen.

Hexen-Rezept für den Morgen vor einer Klassenarbeit

2 Scheiben dunkles Brot, am besten frisches Bio-Brot
1 roter Paprika
2 Scheiben Käse deines Geschmacks

Das Brot toasten, den Paprika putzen und in kleine Würfelchen schneiden, auf das Brot geben, die Käsescheiben darüber legen und zum Überbacken in den Backofen geben. Frischen Pfeffer aus der Mühle darüber mahlen. Paprika verleiht magische Kräfte und spornt die Energie an, Käse und Brot unterstützen Wandlung und Veränderung im Leben.

Pariser Liebestee

Dieser Tee verändert durch köstliche Blütendüfte den Körpergeruch einer Frau auf eine so erotische Weise, dass er vom männlichen Geschlecht stärker wahrgenommen wird. Ein idealer Samstags-vor-der-Disco-Tee also – vielleicht auch gerade während deiner Tage:

1 Hand voll Kirschblüten (auch frisch gepflückt und getrocknet)
1 Hand voll Rosenblüten (Rosa centifolia)
1 Hand voll Lindenblüten
1/2 l Wasser

Zwei Esslöffel der getrockneten Blütenblättermischung mit einem halben Liter kochendem Wasser überbrühen. Zehn Minuten ziehen lassen und abgießen, mit Honig süßen und etwa eine Stunde vor dem Ausgehen trinken. Auf künstliches Parfüm verzichten. Vorsicht: Macht unwiderstehlich!

Hexischer Stimmungstee

Bestimmte Gewürze wirken so ausgleichend und entspannend, dass sie wahrer Seelenbalsam sind. Andere beleben und spenden neue Energie. Ein Teil ihrer Wirkung ist sicher dem köstlichen Duft zuzuschreiben. Vor allem die in Indien beliebten Tees und Getränke mit Zimt, Kardamom, Ingwer oder Nelken eignen sich hervorragend, um düstere Gedanken zu verscheuchen. Wer mal etwas anderes als den Yogi-Tee aus dem Reformhaus probieren möchte, sollte seiner Psyche hiermit einen Kick geben:

1 Esslöffel Kardamomkapseln   *2 Nelken*
1 kleine Zimtstange   *1 Esslöffel frisch gehackter Ingwer*

Alles in einem Viertelliter Wasser etwa eine Viertelstunde köcheln lassen, dann abseihen und nach Geschmack mit Milch und Honig mischen.

Kräuterzaubereien

Zauber für leichteres Lernen

Eine Prüfung, ein Test oder ein Referat stehen vor der Tür und du möchtest dich extra fit machen? Dann probiere mal den Salbeizauber! Koche dir eine Kanne Salbeitee als Ritualgetränk und behalte einige Blätter Salbei übrig. Am schönsten wäre es, wenn du den Salbei aus deinem Hexen-Kräutergarten frisch ernten kannst, getrockneter geht aber auch. Dann nimmst du eine blaue und eine lila Kerze: Blau steht für Erfolg und Glück, Lila für geistige Größe und Kreativität. Die beiden Kerzen stellst du auf einen flachen Teller auf deinen Hex-Altar und zündest sie an. Nun streust du die Salbeiblätter in einem Kreis um die brennenden Kerzen. Stelle dich vor den Altar und und verneige dich vor ihm. Nun schau in die Flamme und konzentriere dich auf das, was du erreichen möchtest. Wenn die Kerze halb heruntergebrannt ist, zünde die Salbeiblättchen mit der Kerze an und gib sie in ein Duftöfchen. Atme den Duft tief ein und konzentriere dich weiter auf dein Vorhaben. Wenn der Salbei verbrannt ist, verabschiede dich von dem Licht und puste die Kerzen aus. Während der ganzen Zeremonie kannst du den Tee in kleinen Schlucken trinken.

Das gleiche Zeremoniell kannst du auch mit Rosmarin probieren. Rosmarin gilt von alters her als Wachmacher. Er regt an und macht das Gehirn fit fürs Denken. Übrigens: Kümmel und Grüne Minze sollen das Gedächtnis auf Trab bringen. Man kann sie kauen oder sich einen Tee kochen und beim Lernen trinken. Natürlich kannst du mit diesen Kräutern auch deinen Altar dekorieren.

Freundschaftszauber

Du hast eine Freundin, mit der du dich noch besser verstehen möchtest? Oder irgendjemanden, mit dem du befreundet sein möchtest? Wie wäre es dann mit einem Freundschaftszauber? Du brauchst Schwarzkümmel, Dill, Majoran, Zimt und Muskat. Daraus kannst du dir einen Tee kochen und ihn zu einem Freundschaftszeremoniell trinken. Du kannst die Zutaten aber auch mischen und in den Mund nehmen und dort wirken lassen. Denke dabei ganz fest an die Person, mit der du enger befreundet sein möchtest oder mit der du dich besser verstehen willst.

Hast du dich mit deiner besten Freundin zerstritten und ihr redet nicht mehr miteinander, musst du schwerere Zaubergeschütze auffahren. Denn erst einmal musst du deinen Stolz aufgeben. Denn kein Streit der Welt kann ausgeräumt werden, wenn beide Streithähne auf ihrem Standpunkt beharren – und zwar mit und ohne Zauber. Für einen Versöhnungszauber brauchst du zwei weiße Kerzen, eine ungeschälte Zwiebel, acht Stecknadeln (die Zahl acht steht für den Neuanfang), eine Hand voll Stiefmütterchenblüten (für die Erinnerung), etwas Kerbel (für die Aufrichtigkeit), Rosmarin (für die Erinnerung) und etwas Salbei (für die Wertschätzung).

Stelle die Kerzen auf deinem Altar auf und in die Mitte einen Teller mit der Zwiebel und den Kräutern. Zünde nun die Kerzen an, verneige dich kurz vor dem Altar. Dann schließe die Augen und denke ganz fest an deine Freundin. Stell dir ihr Gesicht und ihre Stimme vor. Stecke eine Stecknadel in die Zwiebel und sprich dabei acht Mal: »Liebe ... ich möchte, dass du mir verzeihst, egal, wer von uns im Recht war. Ich steche in dein Herz hinein, damit du an mich denkst, so wie ich an dich denke.« Dann puste die Kerzen aus.

Diesen Zauber wiederholst du nun jeden Abend, bis die Stecknadeln verbraucht sind. Den Spruch sprichst du dabei immer einmal weniger: erst sieben Mal (die Zahl sieben ist die Oberhexen-Zahl), dann sechs Mal (die Zahl sechs steht für die geistige Verbindung), dann fünf Mal (die Zahl fünf steht für die Liebe), vier Mal (die Zahl vier steht für die Verbindung zum Universum), drei Mal (die Zahl drei steht für Glauben und Hoffnung), zwei Mal (die Zahl zwei steht für Harmonie) und zum Schluss nur noch einmal (die Zahl eins steht für Ewigkeit und Aufrichtigkeit). Dann sollte deine Freundin dir ihr Herz geöffnet haben.

Erfolgszauber

Wenn du etwas vorhast, bei dem du eine Portion Erfolg gebrauchen kannst, kannst du etwas zur Unterstützung tun. Du nimmst zwei grüne Kerzen für deinen Altar. Die ölst du mit einem Erfolgsöl ein, bestehend aus drei Tropfen Majoranöl, zwei Tropfen Petersilienöl, zwei Tropfen Weihrauchöl und zwei Tropfen Orangenöl. Um die Kerzen herum streust du einige Lorbeerblätter. Nun zündest du die Kerzen an und denkst ganz fest daran, dass du erfolgreich sein wirst. Denke dabei an die Hexen-Gebote von Seite 23!

Beschwörungen für die Schule

Wenn du in der Schule etwas mehr Erfolg gebrauchen könntest, solltest du dir (außer verstärktem Lernen natürlich) ein Wunschöl mischen aus acht Tropfen Myrrhenöl, sechs Tropfen Majoranöl, sechs Tropfen Minzöl und vier Tropfen Salbeiöl. Damit bestreichst du Pappkärtchen und legst sie auf der Fensterbank in das Licht des Vollmondes. Danach steckst du sie in deine Schulbücher und Hefte, in deine Aktentasche, dein Schreibmäppchen und so weiter.

Ritual für eine traurige Freundin

Wenn deine Freundin Liebeskummer hat, Sorgen wegen der Schule, ihrer Eltern, wegen Krankheit, Trennung oder Tod, kannst du ihr helfen, indem du versuchst ihr all deine gute Energie zu senden. Nimm einige Tropfen Rosenöl, Lavendelöl, Salbeiöl, Zitronenöl und etwas Kardamom und mixe daraus eine Bademischung, die du deiner Freundin schenkst. Vielleicht spendierst du ihr noch eine Hand voll weißer Rosenblätter dazu (die Rose steht für Freundschaft und Zuneigung). Die Bademischung unterstützt die Gelassenheit, schenkt Entspannung und Harmonie und fördert den inneren Frieden. Deine Freundin kann die Mischung aber auch in eine Duftlampe geben und in ihr Zimmer stellen. Allein dass du dich um sie sorgst, wird ihr schon die Seele erhellen.

Rosmarin-Konzentrationszauber

Für eine bessere Konzentration in Zeiten, in denen du selbst nicht ganz auf der Höhe bist, unter Stress oder Übermüdung leidest oder in denen es vielleicht Spannungen innerhalb deiner Familie gibt, kannst du dir mit einem schönen Ritual wieder energiemäßig auf die Beine helfen. Deine Konzentration wird sich rasch verbessern!

Du brauchst einige Zweige frischen Rosmarin – am besten aus deinem Kräutergarten, sonst vom Markt oder aus eurem Gewürzregal. Daraus kochst du dir einen Tee, den du über den Tag verteilt trinkst. Dann gibst du drei Tropfen Rosmarinöl in eine Hautlotion oder eine fette Nachtcreme mit einem möglichst neutralen Duft. Damit reibst du dir von Zeit zu Zeit, besonders aber dann, wenn du dich konzentrieren musst – etwa bei einer Klausur oder einer Klassenarbeit – die Schläfen ein. Der Duft des Rosmarins wird dich frisch und munter machen.

Hexen-Kräuter für Zyklus und Menstruation

Natürlich können dir die Hexen-Kräuter helfen, wenn du deine Menstruation beeinflussen möchtest. Das wirksamste natürliche Mittel gegen jede Art von Beschwerde, die in Zusammenhang mit dem weiblichen Zyklus steht, ist der Mönchspfeffer (Vitex agnus castus). Diese Pflanze stammt aus der Familie der Eisenkrautgewächse und ist im Mittelmeerraum beheimatet. Man kann Präparate aus Mönchspfeffer rezeptfrei in der Apotheke kaufen, aber auch eine Ärztin oder einen Arzt danach fragen. Mönchspfeffer ist als Heilmittel offiziell anerkannt und wird auch gern von Ärzten verschrieben, was als größter Beweis für die tollen Kenntnisse der alten »weisen Frauen« gelten kann.

Die Pflanze ist so wirkungsvoll, weil sie hormonähnliche Substanzen enthält, die den gesamten Zyklus und alle möglichen Probleme, die in Zusammenhang mit ihm auftreten, regulieren. Ihre Wirkung setzt allerdings wie bei vielen Naturheilmitteln erst nach einiger Zeit ein. Du musst – wie bei den meisten Naturheilmitteln – etwas Geduld mitbringen.

Es gibt noch andere Pflanzen, die inzwischen wissenschaftlich anerkannt sind und sich gegen Beschwerden rund um die Regel einsetzen lassen. Du erhältst sie als Fertigarznei oder als Teekraut in der Apotheke. Doch nicht jedes Mädchen reagiert auf jede Pflanze gleich, deshalb musst du auch erst ausprobieren, was dir bekömmlich ist. Pflanzliche Zubereitungen brauchen immer eine Weile, bis sie ihre Wirkung entfalten. Es reicht beispielsweise meist nicht aus, nur gelegentlich mal eine Tasse Tee zu trinken. Oftmals ist es ratsam, eine kleine Teekur zu machen oder bereits einige Tage vor dem Eintritt der Regel damit zu beginnen.

Ringelblume

Die Blüten werden getrocknet oder zu einer Salbe verarbeitet und helfen bei Haut- und Schleimhautproblemen. Bei einer verspäteten Regel mehrmals täglich eine Tasse Ringelblumentee trinken.

Johanniskraut

Gibt es als Tee, Kapsel oder Öl und gilt auch unter Wissenschaftlern und Ärzten als Hit gegen schlechte Stimmung, nervöse Träume und generelle Unlust. Über längere Zeit zwei bis drei Tassen Tee pro Tag trinken. Nach vier bis sechs Wochen steigt die Laune wie ein Luftballon!

Brennnessel

Sie wird als Tee oder Frischsaft in fast allen Bio-Läden und Reformhäusern angeboten und wirkt blutreinigend und blutbildend. Das liegt vor allem an ihrem hohen Vitamin- und Mineralgehalt. Die Kieselsäure schwemmt überschüssiges Wasser aus dem Gewebe aus. Brennnesselsamen enthalten ein östrogenähnliches Pflanzenhormon, das den Zyklus in Schwung bringt. Auch bei Regelschmerzen zu empfehlen. Wer sich vor der Regel wie aufgeblasen fühlt, sollte einige Tage vorher Entwässerungstee aus Brennnessel oder Sauerampfer trinken. Beides gibt es auch im Reformhaus.

Frauenmantel

Dieses Heilkraut wirkt krampflösend und blutstillend auf die Gebärmutter. Bei starken Regelblutungen helfen zwei Tassen Tee täglich von der Mitte des Zyklus an getrunken. Frauenmanteltee hilft auch gegen Durchfall.

Melisse

Ihre Wirkstoffe gelten nachgewiesenermaßen als krampflösend und beruhigend. Sie lassen sich gegen Beschwerden vor der Regel, bei starkem Bauchweh, Regelkopfschmerzen und Schlafstörungen einsetzen.

Wer mag, kann sich in der Apotheke seinen ganz persönlichen Tee zusammenstellen lassen. Heilkräuter gibt es fast alle in der Apotheke oder im Reformhaus: Dort kannst du dich auch über Zubereitung und Dosierung informieren.

Menstruationsbeschwerden

Diese Heilpflanzen helfen dir bei

Schmerzhafter Blutung:
> Bibernelle, Brombeere, gemeiner Dost, Kümmel, Pfefferminze, Stieleiche, Spitzwegerich, Thymian und Vogelknöterich

Ausbleibender und schmerzhafter Blutung:
> Echter Beifuß, Gelber Enzian, Frauenminze, Gänseblümchen, Kamille, Meisterwurz, Mistel, Rosmarin, Wermut, Wiesenkuhschelle und Weiße Taubnessel

Ausbleibender Menstruation:
> Brunnenkresse, Engelwurz, Fenchel, Myrrhe, Sellerie und Zimt

Starker Blutung:
> Ackerschachtelhalm, Hirtentäschel und Schafgarbe

Gefühl von Aufgeblasensein:
> Ignatiusbohne und Wacholder

Hexische Wohlfühltees

Seit Urzeiten kannten die weisen Frauen in allen Regionen unserer Welt Rezepte, die ihre Beschwerden und »weiblichen Angelegenheiten« regelten. Das ging von der Steigerung der Liebeslust über Verhütung, Geburtserleichterung bis hin zur Regulierung der Menstruation und Linderung von Wechseljahresbeschwerden. Hier sind einige spezielle Frauentees, die vor allem für junge Mädchen bekömmlich sind:

Mondflusstee

Wenn der Monatszyklus mit dem Mondrhythmus übereinstimmt, findet der Eisprung bei Vollmond statt und die Blutung bei Neumond. Der Mondflusstee – so sagten die weisen Frauen – kann dabei helfen, sich in diesen Rhythmus einzupendeln. Für einen solchen Tee braucht man das Heilkraut Beifuß, das es in der Apotheke zu kaufen gibt. Es wird von alters her für die Behandlung von allen Beschwerden rund um die Menstruation eingesetzt, da es die Durchblutung des gesamten Unterleibs anregt. Sein botanischer Name Artemisia vulgaris – benannt nach der Mondgöttin Artemisia – deutet darauf hin, dass man dem Kraut schon früh eine Verbindung zum Mond nachsagte. Die Volksmedizin empfiehlt einen Tee aus Beifuß zur generellen Entgiftung. Wer seine Blutung nur erleichtern will, trinkt den Tee mindestens eine Woche vor der zu erwartenden Regel. Wer eine unregelmäßige Regel hat oder sich auf den Mondrhythmus einpendeln möchte, sollte den Tee bei abnehmendem Mond zwei Wochen lang täglich trinken. Nach einigen Monaten stellt sich die Regel dann wahrscheinlich zu Neumond ein.

So wird der Tee zubereitet:
Drei Esslöffel getrocknete Beifußblätter mit einem halben Liter kochendem Wasser überbrühen und etwa zehn Minuten ziehen lassen. Dann Tee abgießen, nach Wunsch mit Honig süßen und in eine Thermoskanne füllen. Über den Tag verteilt trinken.

Traumorakeltee

Ein echt magisches Hexen-Rezept mit Vergissmeinnichtblüten für alle ausgeschlafenen Mädchen, die für sich selbst innere Orientierung suchen. Wichtig: Schreib in dieser Zeit deine Träume oder deine Visionen auf. Die alten Kräuterfrauen maßen den Vergissmeinnichtblüten eine direkte Beziehung zum Himmel und zur Welt der Inspiration bei. Das Sonnengelb und das Himmelblau der Blüten sehen aus wie die Farben des Himmels und deuten darauf hin, dass der Rat von oben kommt. Dieses soll auch der Mondenschein auf den Blüten symbolisieren. Alles zusammen soll unserem Inneren helfen, eine Antwort auf unsere Fragen zu finden, die in uns selbst verborgen sind.

So wird der Tee zubereitet:
Drei Hände voll Vergissmeinnichtblüten – am besten selbst gesammelt (nicht in Straßennähe wegen der Abgase) – auf ein Blatt Papier legen und drei Nächte lang vom Mondlicht bescheinen lassen. Danach jeden Abend etwa einen Teelöffel voll mit einer Tasse Wasser überbrühen und zugedeckt zehn Minuten ziehen lassen. Vor dem Trinken solltest du deine wichtigste Frage, auf die du derzeit eine Antwort suchst, formulieren und stark an sie denken. Vor dem Einschlafen und beim Einschlafen denk immer wieder an sie. Wenn du bereit bist, so heißt es, werden deine Träume dir die Antwort geben. Damit du sie nicht vergisst, leg dir etwas zu schreiben neben das Bett.

Blüten-Blutungszauber

Krampflösend und entspannend für Bauch und Frau ist dieser Zaubertee mit Raute, Eisenkraut und Beifußblättern. Die Raute ist übrigens eine der ältesten Pflanzen, mit denen die Kräuterfrauen des Mittelalters fast alle Frauenbeschwerden behandelten. Sie wurde auch »Kraut der schönen Mädchen« genannt. Bei uns findet man Raute heute noch in Bauerngärten. Sie eignet sich auch als Badezusatz: Eine Hand voll der unten genannten Mischung mit zwei Litern Wasser überbrühen, nach zehn Minuten abseihen und den Sud ins Badewasser geben.

So wird der Tee zubereitet:

3 Esslöffel Rautenkraut   *6 Esslöffel Beifußblätter*
6 Esslöffel Eisenkraut   *6 Esslöffel Damianablätter*

Alles gut mischen. Von dieser Mischung drei Esslöffel mit einem halben Liter kochendem Wasser übergießen und zehn Minuten zugedeckt ziehen lassen. Bei Beschwerden zwei bis drei Tassen am Tag trinken. Wer starke Beschwerden hat, kann schon eine Woche vorher damit anfangen. Die Kräutermischung sollte in einer sauberen verschließbaren Dose dunkel aufbewahrt werden.

Tipps für einen
eigenen Hexen-Kräutergarten

Keine echte Hexe kommt ohne Kräuter aus! Am besten ist es, wenn du die Kräuter frisch verwenden kannst. Noch mehr Spaß macht es, wenn du dir selbst einen kleinen Hexen-Kräutergarten anlegen kannst: im Garten, auf dem Balkon oder in der Küche. Stehen die Kräuter auf deiner Fensterbank, verbreiten sie ihr würziges Aroma in deinem Zimmer. Außerdem ist es ein preiswertes Vergnügen, wenn du die Pflanzen selbst aus Sämlingen ziehst.

Du brauchst für den Kräutergarten im Zimmer einige schöne Pflanzgefäße, Blumenerde und entsprechende Kräutersamen. Diese Kräuter sollten auf jeden Fall dabei sein: Thymian, Rosmarin, Oregano, Salbei, Kamille, Zitronenmelisse, Pfefferminze und Basilikum. Wenn dein Kräutergarten noch magische Blumen beherbergen soll, eignen sich am besten Gänseblümchen, Ringelblumen, Vergissmeinnicht, Lavendel und Kapuzinerkresse. Regelmäßig gießen und düngen nicht vergessen!

Manche Hexen legen sich im Garten eine Kräuteruhr an: Sie teilen ein rundes Stück Land auf wie eine Torte. Auf den Kreis drum herum werden magische Steine gelegt. In der Mitte, wo sich die Tortenstücke alle treffen, wird eine besonders schöne Blume gepflanzt. In jedes Tortenstück kommt ein anderes Kraut. Manche machen es so, dass bei »zwölf Uhr« eine Pflanze gepflanzt wird, die im Januar blüht, bei »ein Uhr« ein Februarkraut und so weiter. Du probierst am besten aus, was dir am meisten Spaß macht.

Dein Sternzeichen isst mit

Der Stand von Sonne, Mond und Sterne sagt eine Menge über uns aus und ist für das Zauberwesen eine wichtige Voraussetzung. Gerade der Mond beeinflusst Frauen generell und Hexen im Speziellen. Doch wusstest du, dass dein Sternzeichen auch beim Essen mitmischt? Dass bestimmte Zauberkräuter bei einigen Sternzeichen intensiver wirken als bei anderen?

Erst mal musst du wissen, zu welchem Element dein Sternzeichen gehört – also ob Feuer, Erde, Wasser oder Luft im Spiel ist. Zu jedem Element passen bestimmte Lebensmittel und Getränke, andere dafür weniger. Hält man sich hier immer an die falschen Sachen, fühlt man sich schnell schlapp und ausgepowert. Noch entscheidender ist aber der Stand des Mondes in deinem Geburtshoroskop, denn er prägt den unbewussten Teil deines Wesens, deine Bedürfnisse, Gefühle und Stimmungen. Manche Eingeweihte behaupten sogar, dass man abnimmt, wenn man sich nach den Vorlieben seines Sternzeichens ernährt.

Voll im Element

♀ Luftzeichen

Die Luftzeichen Waage, Wassermann und Zwillinge sind anderen immer einen Schritt voraus. Was sie heute sagen, wird morgen Trend.

Ihr Charakter
Kreativ, lebhaft und wechselhaft. Luftzeichen sind meist gut gelaunt und neugierig.

Ihre Ernährung
Muss Spaß machen, bunt und exotisch sein, am liebsten vom Feinsten – dass nur ja keine Langeweile aufkommt!

Ihr Schwachpunkt
Luftzeichen sind oft nervös und ungeduldig beim Essen. Deswegen essen sie oft zu viel Fettes, um ihre Nerven zu schmieren. Gemüse und Obst kommen dabei zu kurz. Je weniger Zeit ein Luftzeichen hat, umso öfter greift es auf Fastfood zurück.

Tipp
Hände weg von fetten Sachen. Wenn das nicht klappt, immer mit einem frischen Salat und Obst kombinieren. Auf gute Pflanzenöle achten.

Ihre Beauty
Ob verrückt oder klassisch – das Luft-Girl ist immer perfekt gestylt. Alles, was neu ist, wird ausprobiert. Im Badezimmer stapeln sich Töpfchen, Tiegel und Fläschen. Zu häufiges Wechseln und Pröbchen-Hopping reizen jedoch die Haut und lassen sie sehr empfindlich werden.

♀ Erdzeichen

Die Erdzeichen Steinbock, Stier und Jungfrau verfolgen stur und geradlinig ihre Ziele.

Ihr Charakter
Sie sind beständig, konsequent und lieben Sicherheit. Sinnlichkeit gehört zu ihnen wie auch eine gewisse Melancholie. Wenn die Erdzeichen sich sicher fühlen, sind sie großzügig und herzlich.

Ihre Ernährung
Die Erdzeichen sind sehr gesundheitsbewusst und achten auf das, was sie essen und wo sie einkaufen. Viele ernähren sich vegetarisch und essen mit Muße. Da ihr Stoffwechsel nur langsam funktioniert, setzen sie leicht an. Schlacken werden schlecht abgebaut.

Ihr Schwachpunkt
Zu viel Salz, zu wenig Mineralien. Der träge Stoffwechsel braucht viel Obst, Gemüse, Getreide, Kräuter und Gewürze, die ihn auf Trab bringen.

Tipp
Du kannst versuchen mit belebenden Bädern deinem Organismus auf die Beine zu helfen.

Ihre Beauty
Die Erdzeichen lieben teure Kosmetika und starke Parfüme. Ihr Stoffwechsel ist zwar ausgeglichen, läuft aber relativ langsam. Die Haut ist oft schlecht durchblutet und neigt zur Trockenheit, manchmal auch zu Unreinheit.

Die Feuerzeichen Widder, Löwe und Schütze fallen oft und gerne auf, Bescheidenheit ist nicht ihre Zier.

Ihr Charakter

Sie sind spontan, mutig und risikofreudig. Feuerzeichen sind umtriebig, laut und neigen dazu, sich zu verzehren – sie brennen gewissermaßen an beiden Enden.

Ihre Ernährung

Sie essen schnell und viel – zu schnell und zu viel. Feuerzeichen lieben deftige und üppige Kost. Ihr Motto: Was mir schmeckt, kann nicht schlecht sein. Sie haben einen Stoffwechsel, der ordentlich was wegschafft. Übergewicht ist deshalb trotzdem selten ihr Problem.

Ihr Schwachpunkt

Viel zu viel Fleisch, zu wenig Enzyme.

Tipp

Mindestens einmal die Woche einen Obsttag einlegen. Feuerzeichen sollten lernen sich wirklich Zeit fürs Essen zu gönnen und bewusst zu essen.

Ihre Beauty

Feuerzeichen sind Power-Typen, aber es geht ihnen auch alles meist nicht schnell genug. Für die Schönheitspflege nehmen sie sich einfach nicht genug Zeit. Die Haut ist oft trocken und gereizt. Die Feuerzeichen brauchen unkomplizierte Pflege.

Die Wasserzeichen Krebs, Skorpion und Fisch sind die Künstler unter den Sternzeichen.

Ihr Charakter
Sie sind schöpferisch und verträumt, verletzlich und schutzbedürftig. Sensibilität und Intuition sind ihre größten Stärken. Wenn sie sich wohl fühlen, können sie sich total hingeben.

Ihre Ernährung
Wasserzeichen lieben alles Flüssige, man sagt ihnen deshalb auch einen Hang zum Alkohol nach. Bei ihrem Lieblingsessen bevorzugen sie Ungewöhnliches, sind dabei aber sehr wechselhaft.

Ihr Schwachpunkt
Sie haben das Talent zum totalen Genuss, ja fast schon zum Exzess! Konsequenz und fester Wille sind nicht ihre Stärke. Wasserzeichen sind aber auch gefährdet aus Kummer heraus zu viel zu essen.

Tipp
Wasserzeichen sollten auf Ausgleich achten und viel enzymreiches Obst essen wie Ananas oder Papaya. Leckere Getreide-Tage wirken tröstlich und nähren die sensiblen Wasserzeichen, ohne sie dick zu machen.

Ihre Beauty
Da die Wasserzeichen oft und gerne feiern, sieht ihre Haut auch manchmal etwas übernächtigt aus. Haut und Körper brauchen von innen und außen viel Wasser und Bewegung – sprich: Mineralwasser trinken und schwimmen gehen.

Dieses Food passt zu deinem Tierkreiszeichen

widder

Du machst nicht allzu viele Umschweife: Wenn du Hunger hast, willst du essen. Du nimmst Nahrung mit der dir eigenen, manchmal etwas heftigen Inbrunst zu dir. Geht es dir nicht schnell genug, hast du keinen Hunger mehr. Wenn es lecker zubereitet ist, magst du am liebsten klassisches Essen wie bei Muttern. Kleine feine Schweinereien sind nicht dein Ding – mit anderen Worten: Mit Kaviar, Hummer und Co. hast du nichts am Hut. Für ein friedliches Essen fehlt dir allerdinds oft die innere Ruhe.

Deine Zauberkräuter

Basilikum, Borretsch, Knoblauch, Brunnenkresse, Petersilie

Stier

Du liebst alles, was gut riecht, gut schmeckt, was sich weich anfühlt und deinem Auge schmeichelt. Du bist mit einer besonders sicheren Urteilskraft gesegnet – auch in Bezug auf Essen. Du magst rustikales Essen in einer gemütlichen Atmosphäre – am liebsten zu Hause. Du bist eher eine stille Genießerin. Allerdings hast du auch nichts gegen etwas Fastfood zwischendurch. Weil du dich manchmal nicht bezähmen kannst, hast du hin und wieder Gewichtsprobleme.

Deine Zauberkräuter

Holunder, Meerrettich, Weihwedel, Sellerie

Zwilling

Du bist mit viel Power gesegnet, außerdem bist du ein ganz leidenschaftlicher Mensch. Zu deinen Nahrungsvorlieben gehören sehr wahrscheinlich Süßigkeiten, denn du naschst für dein Leben gern. Grundsätzlich isst du gerne, aber am liebsten nebenbei. Du snackst dich gewissermaßen durchs Leben und hast dabei das Gefühl, gar nicht viel zu essen. Gewichtsprobleme hast du wahrscheinlich keine, denn du hast einen enormen Speed drauf. Das gilt auch für deinen Stoffwechsel.

Deine Zauberkräuter

Borretsch, Kümmel, Lavendel, Süßholz, Majoran, Petersilie

Krebs

Du bist hoch sensibel und auch etwas empfindlich. Du neigst dazu, deine inneren Gefühlsstürme durch Beruhigungshäppchen auszugleichen. Du verwöhnst deine Sinne gerne mit feinen Dingen, du bist eine echte Genießerin und kochst wahrscheinlich auch gern. Gleichzeitig träumst du von Schlankheit, denn gutes Aussehen ist für dein ästhetisches Empfinden von großer Bedeutung. Dein Gewicht schwankt höchstwahrscheinlich ebenso wie die Kleidergrößen, die in deinem Schrank hängen.

Deine Zauberkräuter

Pfeilwurz, Melisse, Kamille, Nelken, Fenchel, Lauch

Löwe

Du bist eine Partylöwin. Wie ein Schmetterling fliegst du von Party zu Party und von Date zu Date, denn du bist wahnsinnig gern unter Menschen. Essen mit Freunden ist für dich immer ein Anlass, über die Stränge zu schlagen. Maß halten ist nicht deine Stärke. Andererseits hast du das Gefühl, ein Mädchen könne überhaupt nicht dünn genug sein. Und nie reich genug!

Deine Zauberkräuter
Engelwurz, Lorbeer, Borretsch, Löwenzahn, Rosmarin

Jungfrau

Du hast es gern natürlich und zweckmäßig. Dein Essen darf nahrhaft und gesund sein, wenn es nur delikat und ansprechend serviert wird. Du bist vernünftig, ökologisch eingestellt und hältst dich beim Essen zurück, wenn es sein muss. Deine kleine Schwäche sind Sweeties, doch dein Perfektionismus sorgt dafür, dass alles im Lot bleibt und sie nicht auf den Rippen landen.

Deine Zauberkräuter
Kümmel, Dill, Fenchelsamen, Majoran, Minze und Pfefferminze, Löwenzahn, Sellerie

Waage

Als echte Waage ernährst du dich ausgewogen. Dennoch liebst du es stilvoll und luxuriös. Wenn du mal richtig reinhaust, versuchst du gleich am nächsten Tag das wieder auszugleichen. Manchmal verlierst du zwar die Kontrolle, aber niemals lange. Da bist du dann auch ganz nachsichtig mit dir selbst und machst keinen unnötigen Stress. Alles im Gleichgewicht – das ist wichtig für dich.

Deine Zauberkräuter
Löwenzahn, Meerrettich, Muskatnuss, Thymian, Sellerie, Brunnenkresse

Skorpion

Äußerlich bist du die Ruhe selbst, du wirkst auf andere hoch kontrolliert. Doch der Schein trügt: In dir lodert ein heftiges Temperament. Du neigst zum Exzess – auch beim Essen und Trinken. Da du das weißt, bemühst du dich, dass niemand anderes Wind von der Sache bekommt. Nach deinen »Ausfällen«, die dir ziemlich peinlich sind, hast du dich meist schnell wieder im Griff.

Deine Zauberkräuter

Basilikum, Holunder, Liebstöckel, Ginseng, Senfsamen, Wasserkresse, Knoblauch

Schütze

Du lebst am liebsten sorglos in den Tag hinein, bist spontan und abenteuerlustig und so isst du auch – ohne dir viel Gedanken zu machen. Du siehst einfach alles nicht so eng. Hauptsache, es geht schnell. Da du aber auch ganz zielorientiert bist, plagen dich manchmal Schuldgefühle – vor allem wenn du dir etwas vorgenommen hast und dich dann selbst aus plötzlicher Unlust heraus um den Erfolg betrogen hast. Du würdest auch nie auf die Idee kommen, es dir selbst schön zu machen und für dich selbst zu kochen.

Deine Zauberkräuter

Löwenzahn, Fenchel, Jasmin, Salbei, Zwiebeln

Steinbock

Du kannst wahrscheinlich essen, so viel du willst und was dir schmeckt, ohne dass sich das am Hosenbund bemerkbar macht. Du bist aber meist mit irgendetwas zu sehr beschäftigt, um ans Essen zu denken. Du machst dir ch nicht viel aus schönem Essen, an exotischen Genüssen bist du völlig uninteressiert. Du bist eher nüchtern und fern jeglicher Gefühlsduselei. Essen soll einfach und billig sein.

Deine Zauberkräuter
Schwarzwurzeln, Senfkörner, Mate

Wassermann

Was dir schmeckt, ist oft äußerst originell und unorthodox. Fremde und interessante Dinge faszinieren dich ohnehin, du spürst jeden Trend auf, bevor ihn andere überhaupt bemerken. Regeln und Routine sind dir dagegen eher lästig, und wenn dir etwas nicht mehr gefällt, legst du es schneller wieder ab, als man gucken kann.

Deine Zauberkräuter
Bergamotte, Borretsch, Kamille, Rosmarin, Rettich

Fische

Du bist äußerst kreativ, was deine Vorlieben für Essbares angeht, sie können sich von Tag zu Tag ändern. Normalerweise hast du keine Figurprobleme, doch wenn dich jemand seelisch verletzt hat – und das geht ja bekanntermaßen schnell bei dir –, dann bist du höchst gefährdet dir Kummerspeck anzuessen.

Deine Zauberkräuter
Luzerne, Bergamotte, Ginseng, Weihwedel, Rettich

MONDMAGIE

Der Zauber des Mondes

Seit Urzeiten glauben die Menschen, dass der Mond eine magische Wirkung auf uns ausübt. Für Hexen war das schon immer gang und gäbe. Kaum ein Ritual oder ein Zauberspruch, den sie nicht im Zusammenhang mit dem Mond sehen. Der Mond ist einer ihrer wichtigsten Komplizen und Taktgeber. In besonderer Weise verrät uns der jeweilige Stand des Mondes am Himmel etwas über unsere gefühlsmäßigen Stärken und Schwächen, über unsere Chancen und Gefahren. Auch deshalb ist der Mond ein treuer Begleiter des Zauberns. Alle Hexen-Feste finden bei bestimmtem Mondstand statt – die wichtigsten fast immer bei Vollmond.

Und die Hexen haben Recht: Unser Leben dreht sich um den Mond und er dreht sich um uns, auch wenn es uns nicht immer bewusst ist. Alles in der Natur ist in irgendeiner Weise mit dem Mond verbunden. Viele Hexen-Regeln erzählen seit Jahrtausenden von diesem Zusammenhang. Die Wissenschaft war lange skeptisch – wie bei so vielem, was mit der Natur in Zusammenhang steht. Doch ebenso wie die Wirkung bei vielen Hexen-Kräutern inzwischen nachgewiesen ist, werden die Forscher eines Tages einsehen müssen, dass die weisen Frauen auch hier Recht haben. Kein Wunder, denn der Mond ist das Sinnbild für das weibliche Lebensprinzip. Er schwillt an und ab, verändert sich mit jeder Nacht. Zu keiner Stunde ist er der gleiche, so wie Frauen, die sich im Laufe ihres Zyklus – von Tag zu Tag, ja von Stunde zu Stunde – auch immer wieder wandeln.

Guter Mond, du gehst so stille

Der Mond dreht sich um die Erde und dabei auch gleichzeitig um seine eigene Achse, sodass wir immer dieselbe Seite von ihm zu Gesicht bekommen. Erde und Mond drehen sich um die Sonne. Deshalb gibt es Tag und Nacht auf der Erde. Während seines etwa vier Wochen dauernden Umlaufs um die Erde durchläuft der Mond alle zwölf Tierkreiszeichen. In jedem hält er sich zwei bis drei Tage auf. Das kannst du dir so vorstellen: Wie auf einer Uhr hat jedes der Sternzeichen sein Tortenstück am Himmel. Auf dem Kreis wandert der Mond von Tierkreiszeichen zu Tierkreiszeichen, dabei nimmt er gleichzeitig zu und ab, durchlebt Vollmond und Neumond.

Die Frau im Mond

Am deutlichsten wird das Eingebettetsein der Frau in die Natur wohl am Mond: Er bestimmt nicht nur den Rhythmus der Erde, sondern auch den der Frau. Früher nannte man den Mond »Frau Luna«. In Frankreich, Italien ist der Mond nach wie vor weiblich. Mond oder Mondin waren in allen Kulturen, die weibliche Gottheiten verehrten, ein Symbol der Göttin und Ausdruck ihrer Stärke. Die Pygmäen verehren den Mond noch heute als Muttergottheit.

Auf einen zeitlichen Zusammenhang zwischen der Menstruation und dem Mond kommt man bei näherem Hinsehen ziemlich schnell. Denn der Mond braucht für einen vollständigen Umlauf 29,8 Tage – also etwa die gleiche Zeit, die es im statistischen Durchschnitt von einer Blutung zur nächsten dauert. Genau 13 Mondmonate umfasst ein Kalenderjahr. In der Gynäkologie wird heute noch die Schwangerschaft in Lunarmonaten berechnet: Zehn Lunarmonate dauert sie, das macht neun Kalendermonate! So können wir als sicher annehmen, dass damit die Frauen die Zeitrechnung entdeckt haben beziehungsweise dass sie ihnen von der Natur in die Wiege gelegt wurde. Es ist ja auch nahe liegend, dass es die Frauen waren, denen der Zusammenhang zwischen dem Umlauf des Mondes – also der Zeit zwischen Neumond und Neumond und der fast identischen Zeit zwischen Blutung und Blutung als Ersten aufgefallen ist.

Bei vielen Mädchen und Frauen fällt der Mondzyklus mit dem eigenen Zyklus zusammen – insbesondere wenn sie auf dem Land leben, wo das Mondlicht noch voll wirken kann. Unser ganzes Leben ist in Phasen unterteilt, die denen des Mondumlaufs ähneln: Pubertät, Schwangerschaft, Geburt und Menopause. Der Tag-und-Nacht-Rhythmus der Körpertemperatur vieler Menschen entspricht genau der Länge eines

Mondtages von 24,8 Stunden. Viele Hebammen und Ärzte haben die Erfahrung gemacht, dass bei Vollmond mehr Babys zur Welt kommen als an anderen Tagen. Allerdings konnte das bislang noch nie wissenschaftlich belegt werden. Und doch bleibt die Frage: Was macht der Mond da mit uns? Im Umgang der Hexen mit dem Mond wird die Erinnerung an diese Zusammenhänge immer wieder neu belebt und am Leben gehalten.

Ebbe und Flut, Auf und Ab, Wachsen und Werden

Ein unübersehbares Mond-Phänomen sind die Gezeiten unserer Meere. Die Anziehung von Sonne und Mond übt eine unterschiedlich starke Kraft auf die Erdkugel und ihre Gewässer aus. Durch den Wechsel von »Anziehen und Loslassen« entstehen die Gezeiten. Dabei schleppt der Mond Tonnen von Wasser. Parallel zu Ebbe und Flut hebt und senkt sich die Erdoberfläche um etwa 30 Zentimeter (das ist so lang wie dein Lineal!). Selbst die Bäume werden in diesem Rhythmus – wenn auch nicht in diesem Umfang – dünner und wieder dicker. Wir selbst spüren diese Bewegung nicht, jedenfalls nicht bewusst. Dennoch können wir sie uns zu Nutze machen: Da der Mensch zu nahezu 70 Prozent aus Wasser besteht, ist anzunehmen, dass auch unser Körper zwangsläufig auf diesen Rhythmus reagiert. Je nachdem, welches Tierkreiszeichen der Mond durchläuft, ob er auf- oder absteigend ist, entfaltet er unterschiedliche Kräfte, die sich auf Körper, Seele und Umfeld des Menschen auswirken und die viele Menschen heute wieder gezielt für sich nutzen. Hexen taten das schon immer. Für sie ergibt sich daraus unter anderem der richtige Zeitpunkt zum Zaubern und zum Festefeiern.

Vom richtigen Zauber-Zeitpunkt

Der Mond durchläuft bei seinem Turn um die Erde scheinbar vier Phasen: Vollmond, Neumond, zu- und abnehmender Mond. Diese Mondphasen sind dem Zyklus der Frau sehr verwandt. Sie symbolisieren den Tanz des Mondes mit der Sonne – also auch den Lebenstanz unserer hellen Seite mit unserer dunklen Seite. Sonne und Mond sind wie ein Liebespaar: Die Sonne steht für männliche Eigenschaften wie Geradlinig- und Berechenbarkeit. Der Mond hingegen symbolisiert das Unerklärliche, Geheimnisvolle und Weibliche. Beide Himmelskräfte wirken auch in uns. In besonderer Weise verrät uns der jeweilige Stand des Mondes am Himmel etwas über unsere gefühlsmäßigen Stärken und Schwächen, über unsere Chancen und Gefahren.

Bereits unsere Vorfahren machten sich die Unterschiedlichkeiten von Mondlauf und Kräfteverteilung zu Nutze. Sie beobachteten, dass ein bestimmter Kraftimpuls monatlich etwa zwei bis drei Tage währt, während der Mond dabei immer dieselben Sterne passiert. Daraus erkannte man seine monatliche Wanderung durch die Tierkreiszeichen. Insbesondere für die Bauern war der Mondstand oft wichtiger als der Stand der Sonne. Den Kräften des Mondes sprachen sie mehr Einfluss auf Gedeih und Verderb ihrer Ernten zu. Denn die Sonne brennt im Extremfall die Erde aus, während der Mond der Erde Tau und Feuchtigkeit spendet. Der Mondkalender hatte deshalb eine wesentlich größere Bedeutung für sie. Bestimmte Kräuter und Pflanzen – so fanden sie – wuchsen besser und trugen mehr Früchte, wenn sie in Phasen gesät und geerntet wurden, in denen der Mond einen bestimmten Stand hat.

Neumond

Neumond ist der Beginn eines jeden neuen Mondzyklus. Zu dieser Zeit können wir ihn nicht sehen.

Zunehmender Mond

Dann nimmt der Mond wieder zu. Er zeigt sich uns als nach links geöffnete Sichel, die von Tag zu Tag breiter wird. Wenn der Mond die Hälfte seiner Bahn um die Erde zurückgelegt hat, steht er der Sonne gegenüber und seine der Erde zugewandte Seite ist völlig beleuchtet.

Vollmond

Das ist die ganz besonders magische Phase, in der viele Menschen sich auf wundersame Weise anders fühlen. Hexen nutzen diese Vollmondphase meist zum Zaubern oder für ihre Rituale.

Abnehmender Mond

Am nächsten Tag schon sieht die Sache wieder anders aus. Der Mond nimmt wieder ab. Die Sichel wird immer schmaler, bis wir sie nicht mehr sehen können. Der Mond steht nun zwischen Erde und Sonne und wendet uns sein unbeschienenes »Hinterteil« zu: Es ist wieder Neumond! Im weiblichen Zyklus entspricht die Blutung dem Neumond. Mit dem ersten Tag der Blutung beginnt ein neuer Zyklus.

Mondphasen, Zauberphasen

Neumond
Gut für Konzepte, neue Projekte, neue Liebe und für alles, was man loslassen möchte oder muss, aber auch für Dinge, die man neu beginnen möchte. Denn Ende und Anfang gehören immer zusammen.

Zunehmender Mond
Gut für die Zeit der Aufnahme von körperlicher und seelischer Nahrung. Beste Phase für schwierige Verhandlungen – etwa in Sachen Berufsausbildung oder in der Schule, gemütliche Teestunden mit Freunden oder erotische Flirts, alle Rituale, die etwas mit geistigem Wachstum und innerer Ausdehnung zu tun haben.

Vollmond
Gut für alle Rituale, die mit einem Höhepunkt oder dem Ergebnis einer Sache zu tun haben. Jetzt kann man auch um Erfolg für eine Sache bitten, denn die starke Vollmondenergie kann unsere Wünsche beschleunigen. Und natürlich eignet sich das fahle Licht des Mondes jetzt besonders gut für Liebeszauber und tolle Feste.

Abnehmender Mond
Gut für das Abwerfen von Ballast, Zeit für Versöhnung. Auch um alles, was weniger werden soll, können wir jetzt bitten: Feindseligkeit in der Schule etwa, die Abneigung eines Jungen, schlechte Zensuren, die kalte Schulter der kürzlich noch besten Freundin.

Die Power des Mondes

Nun willst du natürlich wissen, was der Mond mit dir macht, was er für dich selbst bedeutet. Dein Sternzeichen kennst du und weißt auch, dass den zwölf verschiedenen Sternzeichen bestimmte Charakterzüge zugeordnet werden. Dem Mond werden ähnliche Eigenschaften nachgesagt, wenn er in dem jeweiligen Tierkreiszeichen steht. Wann und warum die Tierkreiszeichen, die ursprünglich so eine Art Himmelsuhr waren, mit bestimmten Persönlichkeitsmerkmalen verbunden wurden, ist noch immer unbekannt. Diese Eigenschaften verstärken manchen Zauber oder beeinflussen ihn in einer bestimmten Weise.

Wenn du dir die Mondpower zu Nutze machen willst, schaust du im Mondkalender nach, in welchem Tierkreiszeichen der Mond gerade steht oder an den Tagen, an denen du etwas Besonderes vorhast. Danach weißt du, was du an diesen Tagen tun oder besser lassen solltest beziehungsweise in welcher Form bestimmte Zaubereien unterstützt werden oder schlechtere Karten haben.

Im folgenden Mondkalender werden diese Symbole verwendet:

Widder	Waage	zunehmender Mond
Stier	Skorpion	Vollmond
Zwilling	Schütze	abnehmender Mond
Krebs	Steinbock	Neumond
Löwe	Wassermann	
Jungfrau	Fische	

Mondkalender 2002

Januar 2002			Februar 2002			März 2002		
D	1		F	1		F	1	
M	2		S	2		S	2	
D	3		S	3		S	3	
F	4		M	4	☾	M	4	
S	5		D	5		D	5	
S	6	☾	M	6		M	6	☾
M	7		D	7		D	7	
D	8		F	8		F	8	
M	9		S	9		S	9	
D	10		S	10		S	10	
F	11		M	11		M	11	
S	12		D	12	● 08.41	D	12	
S	13	● 14.31	M	13		M	13	
M	14		D	14		D	14	● 03.03
D	15		F	15		F	15	
M	16		S	16		S	16	
D	17		S	17		S	17	
F	18		M	18		M	18	
S	19		D	19		D	19	
S	20		M	20	☽	M	20	
M	21	☽	D	21		D	21	
D	22		F	22		F	22	☽
M	23		S	23		S	23	
D	24		S	24		S	24	
F	25		M	25		M	25	
S	26		D	26		D	26	
S	27		M	27	○ 10.14	M	27	
M	28	○ 23.50	D	28		D	28	○ 19.24
D	29					F	29	Karfreitag
M	30					S	30	
D	31					S	31	

Sommerzeiten sind nicht berücksichtigt

April 2002		Mai 2002		Juni 2002	
M 1	Ostermontag	M 1		S 1	
D 2		D 2		S 2	
M 3		F 3		M 3	(
D 4	(	S 4	(	D 4	
F 5		S 5		M 5	
S 6		M 6		D 6	
S 7		D 7		F 7	
M 8		M 8		S 8	
D 9		D 9		S 9	
M 10		F 10		M 10	
D 11		S 11		D 11	● 00.48
F 12	● 20.18	S 12	● 11.42	M 12	
S 13		M 13		D 13	
S 14		D 14		F 14	
M 15		M 15		S 15	
D 16		D 16		S 16	
M 17		F 17		M 17	
D 18		S 18		D 18	☽
F 19		S 19	☽	M 19	
S 20	☽	M 20	Pfingstmontag	D 20	
S 21		D 21		F 21	
M 22		M 22		S 22	
D 23		D 23		S 23	
M 24		F 24		M 24	○ 22.42
D 25		S 25		D 25	
F 26		S 26	○ 12.56	M 26	
S 27	○ 04.02	M 27		D 27	
S 28		D 28		F 28	
M 29		M 29		S 29	
D 30		D 30		S 30	
		F 31			

Sommerzeiten sind nicht berücksichtigt

Mondkalender 2002

Juli 2002		August 2002		September 2002	
M 1		D 1 ☾		S 1	
D 2 ☾		F 2		M 2	
M 3		S 3		D 3	
D 4		S 4		M 4	
F 5		M 5		D 5	
S 6		D 6		F 6	
S 7		M 7		S 7 ● 04.09	
M 8		D 8 ● 20.12		S 8	
D 9		F 9		M 9	
M 10 ● 11.21		S 10		D 10	
D 11		S 11		M 11	
F 12		M 12		D 12	
S 13		D 13		F 13 ☽	
S 14		M 14		S 14	
M 15		D 15 ☽		S 15	
D 16		F 16		M 16	
M 17 ☽		S 17		D 17	
D 18		S 18		M 18	
F 19		M 19		D 19	
S 20		D 20		F 20	
S 21		M 21		S 21 ○ 15.00	
M 22		D 22 ○ 23.29		S 22	
D 23		F 23		M 23	
M 24 ○ 10.11		S 24		D 24	
D 25		S 25		M 25	
F 26		M 26		D 26	
S 27		D 27		F 27	
S 28		M 28		S 28	
M 29		D 29		S 29 ☾	
D 30		F 30		M 30	
M 31		S 31 ☾			

Sommerzeiten sind nicht berücksichtigt

Oktober 2002		November 2002		Dezember 2002	
D 1		F 1		S 1	
M 2		S 2		M 2	
D 3		S 3		D 3	
F 4		M 4	● 21.36	M 4	● 08.38
S 5		D 5		D 5	
S 6	● 12.18	M 6		F 6	
M 7		D 7		S 7	
D 8		F 8		S 8	
M 9		S 9		M 9	
D 10		S 10		D 10	
F 11		M 11	☽	M 11	☽
S 12		D 12		D 12	
S 13	☽	M 13		F 13	
M 14		D 14		S 14	
D 15		F 15		S 15	
M 16		S 16		M 16	
D 17		S 17		D 17	
F 18		M 18		M 18	
S 19		D 19		D 19	○ 20.08
S 20		M 20	○ 02.34	F 20	
M 21	○ 08.19	D 21		S 21	
D 22		F 22		S 22	
M 23		S 23		M 23	
D 24		S 24		D 24	
F 25		M 25		M 25	1. Weihnachtsfeiertag
S 26		D 26		D 26	
S 27		M 27	☾	F 27	☾
M 28		D 28		S 28	
D 29	☾	F 29		S 29	
M 30		S 30		M 30	
D 31				D 31	

Sommerzeiten sind nicht berücksichtigt

Mondkalender 2003

Januar 2003		Februar 2003		März 2003	
M 1		S 1	● 11.51	S 1	
D 2	● 21.26	S 2		S 2	
F 3		M 3		M 3	● 03.36
S 4		D 4		D 4	
S 5		M 5		M 5	
M 6		D 6		D 6	
D 7		F 7		F 7	
M 8		S 8		S 8	
D 9		S 9	☽	S 9	
F 10	☽	M 10		M 10	
S 11		D 11		D 11	☽
S 12		M 12		M 12	
M 13		D 13		D 13	
D 14		F 14		F 14	
M 15		S 15		S 15	
D 16		S 16		S 16	
F 17		M 17	○ 00.49	M 17	
S 18	○ 11.14	D 18		D 18	○ 11.32
S 19		M 19		M 19	
M 20		D 20		D 20	
D 21		F 21		F 21	
M 22		S 22		S 22	
D 23		S 23	☾	S 23	
F 24		M 24		M 24	
S 25	☾	D 25		D 25	☾
S 26		M 26		M 26	
M 27		D 27		D 27	
D 28		F 28		F 28	
M 29				S 29	
D 30				S 30	
F 31				M 31	

Sommerzeiten sind nicht berücksichtigt

April 2003 — Mai 2003 — Juni 2003

April 2003		Mai 2003		Juni 2003	
D 1	● 20.18	D 1	● 13.14	S 1	
M 2		F 2		M 2	
D 3		S 3		D 3	
F 4		S 4		M 4	
S 5		M 5		D 5	
S 6		D 6		F 6	
M 7		M 7		S 7	☽
D 8		D 8		S 8	
M 9		F 9	☽	M 9	Pfingstmontag
D 10	☽	S 10		D 10	
F 11		S 11		M 11	
S 12		M 12		D 12	
S 13		D 13		F 13	
M 14		M 14		S 14	○ 12.18
D 15		D 15		S 15	
M 16	○ 20.35	F 16	○ 04.37	M 16	
D 17		S 17		D 17	
F 18	Karfreitag	S 18		M 18	
S 19		M 19		D 19	
S 20		D 20		F 20	
M 21	Ostermontag	M 21		S 21	☾
D 22		D 22		S 22	
M 23	☾	F 23	☾	M 23	
D 24		S 24		D 24	
F 25		S 25		M 25	
S 26		M 26		D 26	
S 27		D 27		F 27	
M 28		M 28		S 28	
D 29		D 29		S 29	● 19.36
M 30		F 30		M 30	
		S 31	● 05.18		

Sommerzeiten sind nicht berücksichtigt

Juli 2003		August 2003		September 2003	
D 1		F 1		M 1	
M 2		S 2		D 2	
D 3		S 3		M 3	☽
F 4		M 4		D 4	
S 5		D 5	☽	F 5	
S 6		M 6		S 6	
M 7	☽	D 7		S 7	
D 8		F 8		M 8	
M 9		S 9		D 9	
D 10		S 10		M 10	○ 17.39
F 11		M 11		D 11	
S 12		D 12	○ 05.49	F 12	
S 13	○ 20.23	M 13		S 13	
M 14		D 14		S 14	
D 15		F 15		M 15	
M 16		S 16		D 16	
D 17		S 17		M 17	
F 18		M 18		D 18	☾
S 19		D 19		F 19	
S 20		M 20	☾	S 20	
M 21	☾	D 21		S 21	
D 22		F 22		M 22	
M 23		S 23		D 23	
D 24		S 24		M 24	
F 25		M 25		D 25	
S 26		D 26		F 26	● 04.08
S 27		M 27	● 18.22	S 27	
M 28		D 28		S 28	
D 29	● 07.50	F 29		M 29	
M 30		S 30		D 30	
D 31		S 31			

Sommerzeiten sind nicht berücksichtigt

Oktober 2003			November 2003			Dezember 2003		
M	1	♐	S	1	♊ 🌓	M	1	♓
D	2	♐ 🌓	S	2	♊	D	2	♓
F	3	♐	M	3	♋	M	3	♈
S	4	♐	D	4	♋	D	4	♈
S	5	♑	M	5	♋	F	5	♈
M	6	♑	D	6	♌	S	6	♈
D	7	♒	F	7	♌	S	7	♈
M	8	♒	S	8	♌	M	8	♊ 🌕 21.37
D	9	♓	S	9	♌ 🌕 02.13	D	9	♊
F	10	♓ 🌕 08.29	M	10	♌	M	10	♊
S	11	♓	D	11	♊	D	11	♋
S	12	♈	M	12	♊	F	12	♋
M	13	♈	D	13	♋	S	13	♌
D	14	♊	F	14	♋	S	14	♌
M	15	♊	S	15	♋	M	15	♍
D	16	♊	S	16	♌	D	16	♍ 🌗
F	17	♋	M	17	♌ 🌗	M	17	♍
S	18	♋ 🌗	D	18	♍	D	18	♎
S	19	♌	M	19	♍	F	19	♎
M	20	♌	D	20	♎	S	20	♏
D	21	♌	F	21	♎	S	21	♏
M	22	♍	S	22	♏	M	22	♐
D	23	♍	S	23	♏	D	23	♐ 🌑 10.44
F	24	♎	M	24	♐ 🌑 00.01	M	24	♐
S	25	♎ 🌑 13.48	D	25	♐	D	25	♐ 1. Weihnachts-feiertag
S	26	♏	M	26	♐	F	26	♑
M	27	♏	D	27	♐	S	27	♑
D	28	♐	F	28	♑	S	28	♒
M	29	♐	S	29	♑	M	29	♒
D	30	♐	S	30	♑ 🌓	D	30	♓ 🌓
F	31	♐				M	31	♈

Sommerzeiten sind nicht berücksichtigt

Der Mond im Widder

Wandert der Mond durch das Tierkreiszeichen Widder, drängen sich Mut und Tatkraft an den Tag. Unbewusstes kommt an die Oberfläche, Gefühle wollen mit aller Macht raus. Die Widdertage sind ganz temperamentvolle, dynamische Tage, an denen wir Neues beginnen können. Allerdings fahren wir an diesen Power-Tagen auch leicht aus der Haut. Wir provozieren Stimmungen, die zu Spannungen führen können.

Zauberzeichen

Die Widdertage sind gut für große Zaubereien, die viel Energie erfordern. Versuche aber nichts zu erzwingen und nicht mit dem Kopf durch die Wand zu gehen. Wenn du in kritischer Stimmung bist, zieh dich lieber zu deinen Kraftquellen zurück und warte, bis der Anfall keltischer Wuttänze abgeflaut ist. Oder nimm ein hexisches Power-Bad.

Der Mond im Stier

An Stiertagen kehrt wieder etwas mehr Ruhe ein. Du wirst ausgeglichener, möchtest in erster Linie genießen und deine Ruhe haben. Mit Familie und Freunden herrscht Einklang, Partys und Geselligkeiten lassen sich gut an. Hast du etwas auf dem Herzen, könntest du es jetzt besprechen.

Zauberzeichen

Wenn du Lust auf Geselligkeit hast, lade deine Freundinnen und Freunde (oder »ihn«) zu einer Hexen-Party oder einem Tanz im Mondschein ein. Ansonsten sind Stiertage wunderbar zum Schmökern oder zum Abtauchen in der Badewanne und zum hexenmäßigen Meditieren. Für größere Zaubereien eignen sie sich hingegen nicht, denn sie sind nicht besonders kreativ.

Der Mond im Zwilling

An Zwillingstagen sind wir hyperoptimistisch und kreativ, allerdings regiert das Wort und nicht die Tat diese Phase: Es mangelt nicht an guten Ideen, aber es hapert an der Umsetzung. Du langweilst dich jetzt recht schnell und hast riesige Lust auf Action.

Zauberzeichen

Die beste Zeit für Disco, Partys und neue Kontakte – bloß nicht zu Hause hocken bleiben. Ausgeruht bist du ja, also nichts wie raus! Mit deinen liebsten Freundinnen oder der Clique kannst du momentan jede Menge Fun haben. Für die Partnersuche sind diese Tage ideal. Deshalb: Dates oder Blinddates an Zwillingstage legen. Für Zaubereien sind andere Tage besser geeignet.

Der Mond im Krebs

An den Tagen, an denen der Mond im Krebs steht, sind wir besonders empfänglich für Gefühle. Die Stimmung schlägt leicht um – mal himmelhoch jauchzend, mal zu Tode betrübt. Der Krebs gilt als ganz besonders feinfühliges Sternzeichen. Vielleicht möchtest du dich jetzt bei irgendwem anlehnen und hast das starke Bedürfnis nach Anerkennung und Beachtung.

Zauberzeichen

Du fühlst dich sehr romantisch und daher leicht verführbar. Wenn du viel unterwegs bist, solltest du gut auf dich aufpassen. Es besteht die Gefahr, dass du dich nicht (laut) stark genug zur Wehr setzt, wenn du in Gefahr gerätst – etwa wenn dir jemand Drogen anbietet oder sich dir unerwünscht aufdrängen will. Denk dran, dass du rechtzeitig einen Schutzkreis um dich ziehst und deine Hexen-Kräfte mobilisierst. Am besten bist du zu Hause aufgehoben. Es ist jetzt eine gute Zeit, um zu malen, Gedichte und Briefe zu schreiben, das Zauber-

Ich-Buch auf Vordermann zu bringen oder wieder etwas zu zaubern. Auch traute Gespräche mit der Mutter können jetzt sehr schön sein.

Der Mond im Löwen

Der Krebsmond hat dich auf den Löwenmond vorbereitet, deine Gefühle sind jetzt besonders intensiv und tief. Deine Antennen zum anderen Geschlecht stehen voll auf Empfang. Du bist ein Ausbund von Wärme und Herzlichkeit, von Liebe und Stärke. Alle Jungen, die dir zugetan sind, werden jetzt von Beschützerinstinkten heimgesucht. An Löwetagen sind wir extrem nach außen gepolt. Activities, Partys, Shows – alle Outdoor-Geschichten machen jetzt Riesenlaune.

Zauberzeichen

Genieße es, dass andere sich um dich sorgen und gern haben. Dass du jetzt auch mal im Mittelpunkt stehst. Bei unangemessenen Besitzansprüchen von allen Seiten kannst du in dieser Phase ruhig mal ein Auge zudrücken! Das ist nur nett gemeint – überwiegend jedenfalls. Sonst solltest du deinen Schutzkreis in Aktion treten lassen, denn anderenfalls besteht die Gefahr, dass dir jemand zu nahe kommt und du es gar nicht willst oder dass du ausgenützt wirst. Allerdings neigst du jetzt auch selbst zu Eifersuchtsanfällen und melodramatischen Szenen. Da kann man nur sagen: Schlecht gebrüllt, Löwe! Hände weg vom Zauberkram!!

Der Mond in der Jungfrau

Wenn der Mond in der Jungfrau steht, halten Ordnungsliebe und praktisches Denken Einzug. Deshalb ist in diesen Tagen allmählich erst mal wieder Schluss mit der Gefühlsduselei. Jetzt ist wieder Klarheit und nüchternes Handeln verlangt, damit auch alle anderen Dinge im Leben nicht schief laufen: Schule, Ausbildung, die allgemeine Organisation des Lebens und der Freizeitaktivitäten – etwa dein Hexen-Business.

Zauberzeichen

Wenn du etwas zu regeln, zu planen oder zu organisieren hast, ein Referat anfertigen musst, ein Event vorbereiten oder im Zauberwesen etwas auf die Beine stellen willst, wird es jetzt am ehesten gelingen. Du kannst besonders gut klar denken und erkennst auf Anhieb, wie was zu tun ist. Methodik, Fleiß und Ausdauer fliegen uns an diesen Tagen eher zu als an allen anderen. Du kannst dich beim Zaubern besonders gut konzentrieren.

Der Mond in der Waage

An den Waagetagen sind wir eher mal selbstlos und sensibel für die Stimmung von anderen Menschen. Die Waage leidet öfter unter Harmoniesucht und neigt dann dazu, sich dabei selbst aufzugeben. Sie will unbedingt von allen geliebt werden. Sie pendelt dabei meist von einer Seite auf die andere – wie der Name schon sagt. Wagemutige Entscheidungen lassen an diesen Tagen auf sich warten.

Zauberzeichen

Versuche jetzt also nicht irgendwelche Probleme zu lösen oder gravierende Entscheidungen zu treffen. Klartext in problematischen Beziehungen oder Entscheidungen in Sachen Berufswahl spricht und trifft man besser nicht an Waagetagen, vor allem wenn du deine eigenen Interessen durchbringen willst. Es besteht die Gefahr, dass du zu allem Ja und Amen sagst. Willst du dagegen Freundschaften vertiefen oder nette Stunden mit der Familie verbringen, bestehen jetzt beste Chancen. Willst du irgendwo schlichtend eingreifen oder dich entschuldigen? Dann tue es jetzt! Wenn du dein Zimmer hexenmäßig umstylen oder deinen Hex-Platz überprüfen willst: Dafür sind die Waagetage ideal, denn die harmonischen Bestrebungen beeinflussen die Hexen-Atmosphäre.

Mond im Skorpion

Jetzt kommt Feuer und Temperament ins Spiel. An den Skorpiontagen neigen wir zu Kompromisslosigkeit. Das Interesse dieses Sternzeichens an anderen ist eher wissenschaftlicher Art, da geht es dann manchmal ziemlich verbissen zu. An Skorpiontagen sind wir eher mal misstrauisch, empfindlich und gelegentlich sogar feindselig, neigen dazu, uns abzukapseln und unsere Regungen vor anderen zu verbergen.

Zauberzeichen

An diesen Tagen nimmst du dir besser keine größeren Geldgeschäfte vor. Auch kein Taschengeld, keinen Stundenlohn für den Job oder das erste Gehalt aushandeln, denn deine skorpionmäßige Überempfindlichkeit könnte die Verhandlungen stören. Diskussionen solltest du an diesen Tagen vermeiden, Provokationen aus dem Weg gehen. Doch die empfindliche Stimmung lässt sich bestens für esoterische Versenkung und für Naturbeobachtungen ausnutzen. Alles, was uns entspannt und unsere Mitte stärkt, ist gut an Skorpiontagen.

Der Mond im Schützen

Abenteuerlust lacht an den Tagen dieses Sternzeichens. Voller Begeisterung treibt es ihn ständig zu neuen Ufern. Alles Fremde interessiert uns brennend. Wandert der Mond durch den Schützen, sind wir weltoffen, humorvoll und lustig. Unser Enthusiasmus überträgt sich oft auch auf andere.

Zauberzeichen

Wenn du ein Problem in Angriff nehmen oder etwas Neues beginnen willst, dann tue es an Schützetagen. Auch für Nachhilfe, Arbeitsgruppen, Projekte, Fortbildung, Seminare und Reisen bist du jetzt besonders aufnahmebereit. Wenn du eine Idee weitervermitteln oder ein Referat halten willst, kannst du andere jetzt unheimlich für dich begeistern. Aber pass auf, dass du nicht über das Ziel hinausschießt und dass du andere nicht unnötig verletzt. Beim Zaubern entwickelst du jetzt besondere Power. Du kannst dich unheimlich gut auf deine Zauberziele konzentrieren.

 ## Mond im Steinbock

Diese Tage sind das Sinnbild für Disziplin und Organisationstalent. Für Weiter- und vor allem Nach-oben-Kommen können jetzt wichtige Weichen gestellt werden. Große Gefühle sind dagegen nicht gerade gefragt. Wandert der Mond durch den Steinbock, ist unser Geschäftssinn wesentlich ausgeprägter als sonst. Wir sind zielstrebiger und pflichtbewusster als sonst.

Zauberzeichen

Steinbocktage sind ideal, um Schulfeiern, Projektwochen, Reisen oder Familienfeiern zu organisieren. Alles, was eine klare Entscheidung, Disziplin und Organisation erfordert, kannst du jetzt prima erledigen. Ebenso praktische Arbeiten wie aufräumen, das Zimmer renovieren, den Hex-Platz dekorieren oder deine Steine ordnen. Aber für Zaubereien und Meditation sind diese Tage weniger geeignet.

 ## Der Mond im Wassermann

Ein starkes Streben nach Unabhängigkeit hält an den Wassermanntagen Einzug. Sie bringen Extravaganz und ein sicheres Gespür für Trends mit sich. Andererseits werden wir schnell unruhig und nervös. Wenn uns etwas zu nahe kommt, werden wir kribbelig. Etwas völlig Verrücktes, das machen wir gern an Wassermanntagen, besonders schmusig sind wir aber nicht.

Zauberzeichen

Wenn du irgendwo eine Revolution veranstalten willst, brauchst du dafür Wassermanntage. Denn diese Tage eignen sich gut für Unternehmungen, neue Ideen, Umwälzungen und Zukunftspläne. Willst du Lästiges loswerden, befrei dich jetzt! Das gilt auch für manche Menschen, von denen du das Gefühl hast, sie schaden dir. Für das Zaubern sind diese Tage dagegen überhaupt nicht geeignet. Alles, wobei es auf das Gefühl ankommt, verschiebst du besser auf die Tage, an denen der Mond im nächsten Tierkreiszeichen steht!

Der Mond im Fisch

Wandert der Mond durch den Fisch, sehen wir die Welt durch eine rosa Brille, alles wirkt etwas verschwommen, aber unheimlich schön. Wir sind romantisch, verträumt und der Natur mehr verbunden als an anderen Tagen. Vielleicht möchtest du die ganze Natur umarmen? Das sind die Tage von Spiritualität und Kreativität. Wir haben alle Empfangsstationen eingeschaltet und können uns gut in andere – Menschen, Tiere, Pflanzen – hineinversetzen. Wir sind an Fischetagen ständig im Fluss und versuchen innere und äußere Grenzen zu überwinden.

Zauberzeichen

Wenn du allein sein, dich auf dich selbst besinnen und dich auf deine Zaubereien konzentrieren möchtest, eignen sich Fischetage am besten. Jetzt kannst du alles anpacken, was viel Phantasie erfordert. Es sind die Tage für ein hexenmäßiges Disco-Kontrastprogramm: Geh in die Natur, meditiere, lass dich einfangen vom Zauber dieser Tage, an denen du ganz besonders aufnahmefähig bist für die leisen Töne zwischen Himmel und Erde.

Dein persönliches Hexen-Profil im Zeichen des Mondes

Achte einfach mal darauf, welche Eigenschaften du bei dir feststellen kannst; du kannst sie in dein Zauber-Ich-Buch eintragen. Natürlich unterliegen dein Charakter und deine Fähigkeiten auch anderen kosmischen Einflüssen, sodass die meisten von uns gut gemixte, gerüttelte und geschüttelte Cocktails sind − also beispielsweise ein bisschen Fisch und ein wenig Löwe, das ergibt wahrscheinlich so etwas Ähnliches wie einen mächtig brüllenden Löwen, aus dessen Maul keine Töne kommen, der aber tapfer wie ein kleines Kätzchen gegen den Strom paddelt. Aber in aller Regel können wir deutliche Eigenschaften unseres Mondtyps an uns wieder erkennen. Daran lässt sich auch unser persönliches Hexen-Profil ausmachen.

Noch mehr über dich selbst erfährst du von dem Mondzeichen deiner Geburtsstunde. Dein Sternzeichen, das du ja auch in jedem Horoskop findest, symbolisiert deinen Sonnentyp. Das heißt, in diesem Sternzeichen stand die Sonne zur Stunde deiner Geburt. Man sagt, sie steht für die männliche Seite in uns, für den Verstand. Das Mondzeichen − also das Sternzeichen, in dem der Mond stand, als du geboren wurdest, sagt etwas über unsere weichen und unbewussten Gefühle aus − also über die weiblichen und hexenmäßigen Seiten im Menschen. Jeden Monat, wenn der Mond sich in derselben Mondphase befindet wie unser Geburtsmond, sind wir deshalb auch sensibler für alles um uns herum. Wir nehmen mehr wahr und alles wird uns überdies stärker bewusst. Diese Phase wird auch kosmische Fruchtbarkeitsperiode genannt − eine Phase kreativer, mentaler und spiritueller Fruchtbarkeit. Also eine typische Hexen-Hoch-Zeit!!!

So findest du dein Mondzeichen

Suche dir aus den Tabellen die entsprechenden Zahlen für das Jahr, den Monat und den Tag deiner Geburt. Für deine Geburtszeit ziehe laut Tabelle eine Zahl ab oder zähle eine dazu. Weißt du deine Geburtszeit nicht, setze 0 dafür ein. Bist du in einem Schaltjahr nach dem 29. Februar geboren, zählst du 13 dazu (ein Schaltjahr lässt sich immer glatt durch 4 teilen). Dann zähle alles zusammen. Ist die Summe höher als 360, ziehst du so oft 360 ab, bis du deine Zahl erreicht hast, die kleiner als 360 ist. Suche dann in der Tabelle dein Mondzeichen!

Die Zahl für dein Geburtsjahr

1966	27	1967	161	1968	297	1969	76
1970	197	1971	334	1972	107	1973	246
1974	7	1975	145	1976	278	1977	56
1978	178	1979	317	1980	89	1981	226
1982	349	1983	127	1984	260	1985	36
1986	161	1987	296	1988	71	1989	205
1990	333	1991	109	1992	242	1993	15
1994	144	1995	280	1996	53		

Die Zahl für deinen Geburtsmonat

Januar	0	Februar	48	März	58	April	106
Mai	141	Juni	190	Juli	225	August	273
September	321	Oktober	357	November	46	Dezember	81

Die Zahl für deinen Geburtstag

1	0		2	13		3	26		4	40	
5	53		6	66		7	79		8	92	
9	105		10	118		11	132		12	145	
13	158		14	171		15	184		16	198	
17	211		18	224		19	237		20	250	
21	263		22	277		23	290		24	303	
25	316		26	329		27	343		28	356	
29	9		30	22		31	35				

Die Zahl für deine Geburtszeit

Geboren um	Punkte		Geboren um	Punkte	
0–2 Uhr	−6		12–14 Uhr	1	
2–4 Uhr	−5		14–16 Uhr	2	
4–6 Uhr	−4		16–18 Uhr	3	
6–8 Uhr	−3		18–20 Uhr	4	
8–10 Uhr	−2		20–22 Uhr	5	
10–12 Uhr	−1		22–24 Uhr	6	

Die Zahl für dein Mondzeichen

Ergebnis	Mond im		Ergebnis	Mond im	
0–30	WIDDER		181–210	WAAGE	
31–60	STIER		211–240	SKORPION	
61–90	ZWILLINGE		241–270	SCHÜTZE	
91–120	KREBS		271–300	STEINBOCK	
121–150	LÖWE		301–330	WASSERMANN	
151–180	JUNGFRAU		331–360	FISCHE	

Dein Mondzeichen

☿ Mondzeichen **Widder**

Du lebst schnell und höchst intensiv. Du möchtest immer und überall vorne sein, ziehst dafür aber auch alle mit. Deine Geduld lässt dich dabei allerdings gern mal im Stich. Routine – also immer dieselbe Leier – findest du ganz grässlich. Du wirst schnell mit anderen ungeduldig – etwa wenn sie dir zu langsam sprechen, immer wieder von ihrer verflossenen Liebe erzählen oder mit irgendeiner Aktion nicht schnell genug in die Poleposition kommen. Du setzt dich – und andere – ständig unter Druck, logisch, dass du da auch öfter mal Dampf ablassen musst. Schon fängst du wieder etwas Neues an. Klappt das nicht auf Anhieb, muss man dich gelegentlich mal wieder von der Decke holen. Du bist eine Führernatur, solch aktives Vorpreschen kann dir in Schule und Beruf eine Leitungsposition bescheren. Pass auf, dass du Kummer und Trauer nicht herunterschluckst oder stolz herunterspielst. Willst du eine wirkliche und ganz runde Hexe werden, musst du lernen dir ab und zu Entspannung zu gönnen und auch zu deinen Gefühlen zu stehen, die eigentlich nicht in dein Widderbild passen. Und natürlich solltest du es auch lernen, ein gewisse Geduld mit anderen an den Tag zu legen. Denn als echter Hexe liegt dir ja vor allem auch das Wohl anderer Menschen sehr am Herzen.

Dein persönliches Hexen-Profil

Du bist eine wahre Hexen-Dampfmaschine! Die besinnlicheren Seiten des Hexen-Wesens liegen dir nicht so.

☿ Mondzeichen Stier

Du hast einen direkten Draht zu Himmel und Erde und ein Gefühl für alles, was wachsen muss – seien es nun Tiere und Pflanzen oder Gefühle, Freundschaften und Liebe. Du gehst mit einer großen Liebe und Hingabe an alles, was zu tun ist. Dir macht das Leben auf eine tiefe Weise viel Spaß. Dafür kannst du Hektik und ständige Änderungen nicht besonders gut ab. Wenn du etwas Neues beginnen willst, brauchst du immer eine gewisse Anlaufzeit. Du magst die Sicherheit von Ritualen gerne und es ist ziemlich wahrscheinlich, dass du bald eine längere Beziehung eingehst. Auch ein geregeltes Leben liegt dir im Blut. Eine andere Leidenschaft von dir ist Geld, denn auch das gibt dir Sicherheit. Du bist eine prima Finanzministerin und beginnst früh Geld zu verdienen. Noch besser: Du hältst es auch zusammen. Trotzdem genießt du gerne, und zwar alles – tief und innig. Geiz kann dir keiner nachsagen.

Dein persönliches Hexen-Profil

Du bist eine wahnsinnig sinnliche und sonnendurchflutete Hexen-Eva! Die Zauberrituale sind dein Liebstes, denn sie geben dir viel Sicherheit.

☿ Mondzeichen Zwilling

Deine Nase ist ständig vorne am Wind, immer auf der Suche nach neuen Anregungen. Lange hält es dich nicht an einem Fleck. Leider erscheinst du insofern für deine Mitmenschen nicht immer besonders verlässlich. Denn du wechselst Freunde und Bekannte wie andere die Klamotten. Du (ver-) brauchst neue Menschen wie andere Luft zum Atmen. Deswegen bist du auch »trennungserprobt« – es macht dir das Herz nicht besonders schwer, wenn du einen Menschen im allgemeinen Lebensgetümmel verlierst: Neues lacht.

Deshalb erscheinst du manchmal anderen auch etwas ober-
flächlich und. du solltest aufpassen, dass du anderen
Menschen nicht unnötig weh tust. Wenn du mal richtige
Sorgen hast, findest du sonst nämlich vielleicht niemanden,
der dich in diesem ernsten Moment auch ernst nimmt. Auf der
anderen Seite empfindet dich dein Umfeld als schillernde und
hoch interessante Persönlichkeit. Du hast ja auch jede Menge
zum Besten zu geben!

Dein persönliches Hexen-Profil

Du bist eine Hexe-Dampf-in-allen-Gassen! Zum tief gehenden
Zaubern fehlt dir oft die Konzentration und das Durchhalte-
vermögen!

Mondzeichen Krebs

Du bist ganz besonders sensibel. Bei dir sind alle Kreaturen
gut aufgehoben, du umsorgst sie mit Inbrunst und kannst dich
gut in sie hineinversetzen. Allerdings hat das seinen Preis: Du
bist auch sehr empfindlich und verletzlich. Krebsmonde sind
noch verletzlicher als Menschen mit dem Sternzeichen Krebs.
Deshalb ist es für dich vor allem wichtig, dass du dich gebor-
gen fühlst in deiner Umgebung. Du brauchst auch mehr Ruhe
als andere, um deine Eindrücke sortieren zu können. Zu viele
Reize und schon reagierst du genervt. Du bist sehr häuslich
und kannst dich voll auf deine geheimen Kraftquellen konzentrieren. Dein spezieller Risikofaktor: Da du so hoch sensibel
bist, empfindest du Trennungen als das pure Gift. Du neigst
dazu, bei jemandem zu bleiben – obwohl er dir schädlich ist.
Hier unbedingt rechtzeitig den Hexen-Sicherheitskreis ziehen.

Dein persönliches Hexen-Profil

Du bist eine der sensibelsten und fürsorglichsten Hexen-Evas,
die es gibt. Deine Zaubereien sind meist von besonderem
Erfolg gekrönt.

☿ Mondzeichen Löwe

Wie eine Löwin gehst du durch das Leben, du strahlst wie dein Mondtier eine natürliche Würde und aufrechten Stolz aus. Du beeindruckst vor allem mit deinem souveränen Auftreten, mit deinen guten Manieren und deiner Löwenausstrahlung. Die Herzen der Boys fliegen dir nur so zu. Dich kann man nicht übersehen – und falls das droht, brüllst du kurz und setzt dich damit hübsch in Szene. Du bist eine ganz treue Freundin, dein »Rudel« bedeutet dir viel. Allerdings bist du etwas herrschsüchtig und oft rasend eifersüchtig! Was du dir selbst zubilligst, nimmst du anderen mächtig übel.

Dein persönliches Hexen-Profil

Du bist eine unglaublich lebenslustige Hexe, der kaum Zeit für das Zauberbusiness bleibt. Wenn du zauberst, schaust du darauf, dass du dich dabei löwenmäßig in Szene setzen kannst.

☿ Mondzeichen Jungfrau

Du bist das Prachtexemplar einer Freundin. In allen Lebenslagen kann man sich auf dich verlassen. Vor allem wenn mal »Not am Mann« ist – bei Liebeskummer, Trennungstiefs und anderen Notfällen –, bist du zur Stelle. Außerdem bist du grundvernünftig und hast auch immer eine hilfreiche Lösung parat. Und du liebst es, wenn andere dich dafür mögen. Du erwartest keine großen Lobpreisungen oder Geschenke. Du freust dich einfach, wenn deine Leistung und dein Einsatz für andere etwas nützt und respektiert wird. Das macht dich zufrieden – dieses Gefühl, gebraucht zu werden und Gutes zu tun. Allerdings gehst du mit deinem eigenen Kummer selbst meist zu vernünftig um und du gestattest dir nicht auch mal eine Schulter zu suchen, an der du dich ausweinen kannst. Du entschuldigst andere auch dann noch, wenn sie nicht einmal merken, dass dir schlimm ums Herz ist. Gesteh dir ruhig mal ein, dass du Zuwendung und Herzenswärme brauchst! Wenn eine es verdient hat, dann du!

Dein persönliches Hexen-Profil

Du bist eine der zuverlässigsten Hexen, die man überhaupt kennen kann! Jedoch denkst du zu wenig an dich selbst dabei. Und deine praktische Ader bringt dich manchmal dazu, am ganzen Zauber zu zweifeln, wenn es nicht gleich nützt.

☿ Mondzeichen Waage

Du reagierst wie ein Seismograf auf Stimmungen und Spannungen. Unharmonische Zustände hältst du kaum aus und versuchst sofort sie zu beseitigen – notfalls auch auf deine eigenen Kosten. Du stellst deine eigenen Bedürfnisse oft zurück, um anderen nicht weh zu tun und von ihnen geliebt zu werden. Wenn du merkst, dass jemand anderes deine eigene Meinung nicht gut findet, ziehst du dich in dein Schneckenhaus zurück und sagst einfach nichts mehr. Harmonie und Gerechtigkeit sind dein oberstes Ziel und dabei läufst du Gefahr, dich selbst aufzugeben oder ausgenützt zu werden. Du kannst dich so unheimlich gut in andere hineinversetzen, dass die Grenzen zwischen dir und ihnen verwischen. Viele Waagen sind deshalb auch begnadete Schauspieler. Man sagt auch, das viele Richter dieses gerechtigkeitsliebende Mondzeichen haben.

Dein persönliches Hexen-Profil

Du bist eine Ausgleichsgenie-Hexe! Du erholst und ergibst dich ebenfalls gern in Phantasien, die dir auch beim Hexen-Wesen und der Verbindung zum Universum helfen. Beim Zaubern hast du auch immer eher das Wohl von anderen im Auge.

☿ Mondzeichen **Skorpion**

Dein Spürsinn für andere ist sehr ausgeprägt. Du bist neugierig und gründlich, kannst dich in eine Sache richtig hineinsteigern. Du könntest Privatdetektivin werden oder auch Wissenschaftlerin, du lässt dann nicht mehr locker. Je geheimnisvoller dir etwas erscheint, desto leidenschaftlicher stürzt du dich in seine Erforschung hinein. Dabei hast du eine machtvolle, ja fast magische Ausstrahlung. Allerdings bist du rasend nachtragend und vergisst wie ein weißer Elefant gar nichts. Zwar neigst du dazu, deine Probleme selbst zu bewältigen und nur im Notfall jemanden anderes um Hilfe zu bitten, doch irgendwie nimmst du das anderen auch übel, wenn sie dir nicht von selbst unter die Arme greifen. Doch du gibst ja auch nichts von dir preis! Auch wenn es an deinen eigenen Geldbeutel geht, bist du sehr verschlossen.

Dein persönliches Hexen-Profil

Du bist eine der geheimnisvollsten Hexen, die wir kennen. Du kannst dich mit großer Leidenschaft in die Hexerei knien und sie mit glühender Seele ausfüllen.

☿ Mondzeichen **Schütze**

Veränderungen sind dein Lebenselixier. In allem siehst du eine Chance, Neues zu lernen. Diese Eigenschaft bereichert dein Leben. Voller Enthusiasmus brichst du zu immer neuen Ufern auf. Du bist eine Globetrotterin vor der Mondgöttin. Und was du willst, schaffst du auch: viele Bücher lesen, Sprachen lernen, andere Kontinente kennen lernen, Hobbys ausfüllen, schwierige Sportarten erlernen. Philosophie, fremde Länder, andere Kulturen. Es gibt kaum etwas, was dich nicht interessiert und fasziniert. An Informationen kommst du immer – und dann preschst du meist gleich los. Du bist ungeheuer wissbegierig, hast aber auch das große Talent, andere anzustecken und ihnen auf angenehmste Weise zu vermitteln, was du selbst schon weißt.

Dein persönliches Hexen-Profil

Du bist die geborene Abenteurerin unter allen Hexen. Du wirst wahrscheinlich demnächst auch im Ausland nach neuen Hexen-Inspirationen und neuen Hexen-Verbündeten suchen. Du ziehst andere in den Hexen-Bann und scharst Schülerinnen um dich, bist dann aber selbst schon längst wieder auf dem Hexen-Besen unterwegs.

Mondzeichen Steinbock

Deine herausragende Eigenschaft ist dein Drang nach oben zu kommen. Da willst du hin, da kann keiner dich aufhalten. Jedoch legst du keinen gesteigerten Wert darauf, dir dein Fortkommen selbst zu erarbeiten oder dafür viel zu erlernen. Erstaunlich viele Steinbock-Mondinnen heiraten oder schlafen sich nämlich nach oben. Dabei gehen sie diszipliniert zu Werke. Man kann also nicht sagen, sie täten nichts für ihren Erfolg. Ihr Einsatz ist halt nur ein anderer. Natürlich verfolgen manche ernst und ehrgeizig ihre Ausbildung. Sie blühen dann erst richtig auf, wenn sie Erfolg in der Schule, an der Uni, in der Ausbildung oder im Beruf haben. Dafür können sie jahrelang kämpfen. Sie sind dabei hart gegen sich selbst, manchmal sogar verbissen. Alle Steinbock-Mondinnen sollten das Leben etwas lockerer nehmen und selbstbewusster sein. Wir werden nicht nur für unseren Erfolg geliebt!

Dein persönliches Hexen-Profil

Du bist eine ehrgeizige Hexe, die gerne etwas gelten möchte. Und das schaffst du auch! Du wirst wahrscheinlich bald eine Hexe sein, die sich sehr erfolgreich vermarktet. Unter Umständen wirst du dafür auch eine Freundschaft ausnutzen. Vergiss nicht auch mit dem Herzen beim Hexen zu sein.

☿ Mondzeichen **Wassermann**

Du bist die Trendsetterin unter den Mondzeichen, denn du erkennst viel früher als andere, was demnächst Sache sein wird. Insofern wird man dich selten im gängigen Outfit oder beim Hören der aktuellen Musikrichtung antreffen, du bist immer einen Tick weiter. Du erspürst aber auch andere Strömungen, könntest deshalb auch gut Reformerin oder Rebellin sein. Es macht dir nichts aus, mit negativen Schlagzeilen im Mittelpunkt zu stehen. Je mehr du andere mit deinem Auftreten schockieren kannst, umso wohler fühlst du dich. Enge Bindungen und viel Verantwortung sind dir hingegen ein Gräuel. Du möchtest dich unabhängig und ungebunden fühlen. Deshalb haben deine Freunde oft das Gefühl, an dich nicht so recht heranzukommen.

Dein persönliches Hexen-Profil

Du wirst wahrscheinlich die erste Hexe unter deinen Freundinnen sein, die Anführerin. Denn du bist die beste hexenmäßige Trendsetterin und es macht dir auch nichts aus, wenn die anderen noch nicht so weit sind wie du und sie skeptisch auf dich schauen. Im Gegenteil: Das stimuliert dein Hexen-Blut.

☿ Mondzeichen **Fische**

Du bist munter wie ein Fisch im Wasser, schwimmst mal hierhin, mal dorthin. Keiner kann dich so recht fassen. Du bist außergewöhnlich kreativ und phantasievoll. Zu deinem Mondzeichen gehören häufig mehrere künstlerische Talente, nicht selten auch eine spirituelle Ader. Wenn es darum geht, in einer Vollmondnacht mit anderen stadtbekannten Hexen und Zauberinnen um die Wette zu tanzen, bist du mit Sicherheit dabei. Du hast auch ausgesprochen bunte Tagträume, in denen du dich verlierst. Wer im Mondzeichen Fische geboren wurde, verliert hin und wieder auch den Bezug zur Realität, aber niemals zum Universum. Fische lassen sich treiben und sind manchmal ziemlich unorganisiert. Sie sind gutmütig und romantisch und werden leicht ausgenutzt. Am sichersten fühlen sie sich in einer tiefen Verbindung mit einem anderen Menschen. Doch wenn dieser Mensch versucht sie festzuhalten oder gar festzunageln – dann schwupps – und schon sind sie weggeschwommen.

Dein persönliches Hexen-Profil

Du hast berühmte Vorfahren und selbst das Zeug zu Höherem. Auch hexenmäßig bist du ein Hit, denn du steht ständig in innerer Verbindung mit dem Universum. Du hörst vielleicht die Stimmen von Feen, sprichst mit Bäumen und Tieren. Für eine Hexen-Vereinigung bist du höchstwahrscheinlich nicht geeignet, denn du hext lieber für dich allein.

Party machen wie die Hexen

In allen großen Kulturen und Religionen wurden Feste gefeiert, die in irgendeiner Weise mit dem Mond in Zusammenhang standen. Auch wir haben viele mondabhängige Festtage, ohne dass uns das noch bewusst ist. Ostern wird beispielsweise immer am ersten Sonntag nach dem Frühjahrsvollmond gefeiert und weitere Feiertage wie der Karfreitag, Pfingsten und Fronleichnam richten sich automatisch nach diesem Datum. Hexen haben ihre Feste schon immer nach dem Mond gerichtet. Seit Urzeiten wird er von ihnen als »Königin der Nacht« verehrt. Denn mit seinen Eigenschaften fühlen sich die Hexen seit jeher verwoben:

Das Licht, das uns in der Finsternis hilft
Den Rhythmus des Lebens, das Wachsen,
Werden und Vergehen
Die Gezeiten, die Fruchtbarkeitsphase
von Mensch und Tier, der Zyklus der Frau,
Nacht und Schatten, Angst,
die damit verbunden sein kann
Anziehen und Loslassen, ständige Bewegung,
Erfrischung und Loslassen von Sorgen
und Kümmernissen
Die schöpferische Kraft des Weiblichen und der Natur
Die seherischen und magischen Zauberkräfte.

Die Mondgöttin gilt als Schutzpatronin der Hexen-Feste. Während der Neu- und Vollmondnächte feierten die Anhängerinnen des Mondes ihre »Moonparades« genauso enthusiastisch wie Jugendliche heute die Loveparades. So schimpfte der heilige Antonius die Frauen, weil sie während der Tage des Neumondes den ganzen Tag lang »unverschämt und unflätig« getanzt hätten. Der Mond machte sie sexy und liebeslustig... außerdem neigten sie in diesen Stimmungen dazu, sich über die mächtigen Männer lustig zu machen. In einem Astrologiebuch von 1688 heißt es: »Die Doppelkonjunktion von Venus und Mond führt zu extremer Schlüpfrigkeit, bringt Geschlechtskrankheiten mit sich und veranlasst Frauen von vornehmem Stand sich in männliche Dienstboten zu verlieben« (zitiert nach Barbara G. Walter, »Das geheime Wissen der Frauen«, dtv).

Die wichtigen Mondfeste waren und sind

Das Fest der Energie der Weisheit – Samhain – gilt als Hexen-Neujahr und wird heute in manchen Ländern als **Halloween** gefeiert (31. Oktober).

Tagundnachtgleiche im Frühling (20.–23 März)

Walpurgisnacht oder Beltane (30. April)

Julfest (20.–23. Dezember)

Fest der Brigid, Lichtmess oder Candlemas: Bei diesem Fest wurden unter anderem die Hexen-Lehrlinge freigesprochen und in die Gemeinschaft der Kundigen aufgenommen (2. Februar).

Sommersonnenwende (20.–23. Juni, 24. Juni Johannisnacht)

Schnitterfest (1. August)

Herbsttagundnachtgleiche (20.– 23. September)

Am **Valentinstag** feiern die Mädchen und Frauen, die sich einen Partner wünschen (14. Februar).

In der Nacht zum 25. Mai wird das **Lebensfest** gefeiert – ein Ritual, das auf die Zigeuner zurückgeht.

Beim ersten Neumond im neuen Jahr:
Jeder Wunsch, der jetzt ausgesprochen wird, soll in Erfüllung gehen. Sieht man die Sichel des Mondes zu seiner Linken, so ist das ein Omen für besonders viel Glück.

Beim ersten Vollmond im neuen Jahr:
Wer wissen möchte, wie der Traumtyp aussieht, der demnächst das Herz erobert, sollte in einen Teich schauen, in dem der Mond sich spiegelt: Hier zeichnet sich auf magische Weise auch das Gesicht des Boys ab. Auch Wünsche sollen dann erfüllt sein, bevor das Jahr sich neigt.

Tipps für deine persönliche Hexen-Party

Auch moderne Hexen feiern gern und ausgiebig. Denn das Zelebrieren von Festen fördert das Bewusstsein, die Gemeinsamkeit und das Gefühl für die eigene Stärke. Du kannst natürlich außer an den traditionellen Hexen-Festtagen an jedem anderen Tag feiern, der dir wichtig ist. Du kannst bei Vollmond feiern oder bei Neumond, allein oder mit deinen Freundinnen zusammen – ganz wie es für dich richtig ist. Natürlich kannst du auch einen Jungen zu einer magischen Party oder einem Stelldichein zu zweit einladen. Es gibt ja auch eine Reihe hexenmäßiger Zaubereien und Tipps, wie du ihn dir dabei gewogen machen kannst – sei es mit Beauty-Rezepten, erotischen Leckereien, betörenden Düften oder magischen Ritualen.

⚜ Es macht zu jeder Jahreszeit Spaß, ein solches Fest zu feiern, die langen Winterabende eignen sich genauso wie die lauen Sommernächte, die milden Frühlingsabende ebenso wie die schwerblütigen Herbstnächte. Bei den traditionellen Hexen-Festen geht es vor allem darum, den immer wiederkehrenden Zyklus des Jahres, der Natur – und damit auch den Zyklus der Frau – zu ehren.

⚜ Auf alle Fälle solltest du natürlich am 31. Oktober das Fest der Weisheit – Samhain – und am 30. April die Walpurgisnacht – Beltane – feiern. Das sind die zwei höchsten Hexen-Feiertage. Früher herrschte an diesen Feiertagen ein übermütiges Treiben. In der Walpurgisnacht etwa trafen sich die Hexen der Gegend auf einer Anhöhe (der Sage nach kamen sie ja auf dem Besen geritten), um dort Fruchtbarkeitsrituale zu feiern, nach Herzenslust abzutanzen und den Sommer zu begrüßen. Die Maifeuer und der Tanz in den Mai sind noch ein Überbleibsel dieses einst so wichtigen Frauenfestes. An Samhain wurde der

Ausklang des Sommers und das Ende der Herrschaft der Sonnengötter gefeiert. Es soll Glück bringen, um Mitternacht eine orangefarbene Kerze aufzustellen und sie bis Sonnenaufgang brennen zu lassen. Man darf die Kerze dabei allerdings nicht alleine lassen. Heute wird dieses Fest – vor allem in den USA – als Halloween gefeiert. Es werden Kürbisse ausgehöhlt und mit Kerzen bestückt, die Mädchen schminken und verkleiden sich und ziehen in der Dunkelheit von Haus zu Haus. Vielleicht wird auch bei euch Halloween gefeiert und ihr wisst nur bislang nicht, dass es sich dabei um ein altes, bedeutungsvolles Hexen-Fest handelt.

🌙 Für ein Hexen-Fest deiner Wahl ist und bleibt der Vollmond natürlich die schönste und magischste Nachtzeit für eine tolle Party. Viele Mondfreundinnen können dann sowieso nicht schlafen; die meisten sind besonders gut drauf und aktiv. Diese Nächte entfalten einen ganz besonderen Zauber, der sich einzufangen lohnt. Es muss nicht immer Disco sein, das wirst du schnell merken.

🌙 Hexenmäßig feiert man solche Feste im Freien – sofern das Wetter es zulässt, denn die Verbundenheit zur Natur ist besonders wichtig. Am schönsten sind solche Nächte bei klaren Wetterverhältnissen – vor allem im Sommer oder wenn Schnee liegt. Kannst du nicht draußen feiern, solltest du dir so viel Natur wie möglich ins Zimmer holen.

🌙 Am besten guckst du dir erst mal eine Vollmondnacht aus, an der du feiern möchtest. Im Sommer gibt es viele Möglichkeiten: Habt ihr einen Garten oder einen Balkon, dann besprich mit deinen Eltern, ob ihr eine Nacht dort feiern könnt. Wenn nicht, gibt es vielleicht einen Innenhof oder einen Grillplatz, einen Park, einen See oder einen anderen schönen Platz in der Nähe zum Feiern. Du solltest bei der Wahl des Festplatzes allerdings vor allem darauf achten, dass ihr dort sicher seid. Man kann übrigens auch im Winter toll draußen feiern, wenn man entsprechend eingemummelt ist. Wenn sich der Mond im Schnee spiegelt, wird es ganz besonders magisch ...

✹ Wenn du aber in deinem Zimmer feierst, musst du Vorhänge und Rollladen offen lassen. Denn das Mondlicht muss ja hineinscheinen können. Deswegen werden Mondpartys immer ohne Licht – auch ohne Kerzen – gefeiert. Ausnahme: Wolken verdunkeln den Mond und man sieht die Hand vor Augen nicht. Doch in klaren Vollmondnächten ist es hell genug und die Kraft des bleichen Himmelsgesellen entfaltet ihre volle Wirkung.

✹ Sind Partyort und Termin geklärt, überlegst du dir, wen du einladen möchtest – es sollten nur Hexen und Mondfreundinnen sein. Bastele eine schöne Hexen- oder Mondeinladungskarte! Du könntest zum Beispiel blauen Karton nehmen, Klappkarten daraus schneiden und mit einem gelben Vollmond bekleben, eine schwarze Katze oder einen Besen ausschneiden, in den du deinen Einladungstext schreibst. Du kannst auch gleich kreisrunde gelbe Karten verschicken, ebenso könntest du ein Hexen-Rätsel erfinden, in dem deinen Freundinnen selbst erraten müssen, wann und wo sie sich einfinden sollen. Möchtest du die Party unter ein besonderes Motto stellen – etwa Hexen-Erntedank, Sabbatkuchenschlacht oder Mondpicknick –, möchtest du, dass sie etwas mitbringen oder dass sie sich irgendetwas Besonderes anziehen, sich irgendwie schminken? Das alles kannst du gleich auf die Einladung schreiben.

✹ Wie willst du den Festplatz dekorieren? Mit Mondlaternen (die natürlich nur im Notfall angezündet werden), mit gelben Stoffbahnen oder lauter Blumen? Wenn du Hexen-Rituale zelebrieren möchtest, brauchst du passende Kerzen. Auch die

Musik muss natürlich entsprechend sein. Es gibt CDs mit spezieller Mondmusik oder Sphärenklängen oder mit Ritualmusik für Hexen (Bezugsquellen findest du am Ende des Buches im Adressenteil). Gut ist alles, was geheimnisvoll und sphärisch klingt, wahrscheinlich hast du da deine ganz besonderen Vorstellungen.

Willst du ein magisches Ritual vollziehen, dann musst du dir einen besonders ruhigen Platz aussuchen. Markiere die Himmelsrichtungen mit großen Kerzen. Im Osten stellst du zwei in einem Abstand von einem Meter auf als Eingang für alle, die am Ritual teilnehmen dürfen. Du kannst nun von Kerze zu Kerze einen Ritualkreis ziehen – etwa indem du Windlichter oder kleine Blumentöpfe im Kreis aufstellst. Die Profi-Hexen entzünden in der Mitte ein Feuer (natürlich nur draußen ...) – da das aber mühsam und nicht ungefährlich ist, kannst du in der Mitte eine besonders große Kerze oder ein Windlicht aufstellen.

Links vom Eingang im Osten errichtest du nun deinen Altar. Dazu dient ein großer Karton, ein kleiner Tisch oder ein großer Stein. Schmücke ihn mit einer Tischdecke, schönen Blumen, einer Duftlampe und zwei weißen Kerzen. Deine magischen Freundinnen werden begrüßt, nachdem sie den Kreis betreten haben: Du küsst sie auf die Stirn und auf die Wangen. Nun schließt du den Schutzkreis, indem du mit einem Zweig – am besten Haselnuss – den Kreis im Uhrzeigersinn nachziehst. Ist der Kreis geschlossen, könnt ihr leise murmelnd den Göttinnen der Nacht eure Sorgen und Wünsche vortragen und eure Zaubereien zelebrieren. Dann fasst euch an den Händen, um eure Verbundenheit zu beweisen, und murmelt:

Schwesternschaft weben wir,
in Richtung des Mondes verlaufen die Fäden,
das Nachtnetz erhalten wir,
Gewebe unserer Hände.

Schwesternschaft weben wir,
in Richtung der Sonne verlaufen die Fäden,
das Tagnetz erhalten wir,
Gewebe unserer Hände.

Wir sind das Netz,
wir finden unsere Mitte,
indem wir näher kommen.
Die Mitte ist unsere Wahrheit. *

* Rituale der Frauen, Sphinx Verlag

Um die dabei entstehende positive Energie zu spüren, schließt die Augen und stellt euch vor, dass ihr auf ihr in den Himmel schweben und fortfliegen könnt. Lasst diesen Zauber noch eine Weile auf euch wirken. Am Ende wird der Kreis wieder geöffnet, indem du gegen den Uhrzeigersinn mit dem Zweig dem Kreis entlangfährst. Danach: Hoch die Hexen-Tassen, nun wird gefeiert!

Rezepte für die Hexen-Party

Bei der Auswahl der Gerichte sind deinem Erfindungsreichtum keine Grenzen gesetzt. Du kannst eine Vollmondtorte backen, nur gelbe, blaue, rote oder grüne Gerichte servieren (siehe dazu auch Seite 52), bestimmte Hexen-Kräuter bevorzugen, ausschließlich mondförmige Gerichte kreieren oder dich in der Hexen-Küche tummeln. Hier einige Appetithappen:

Hexen-Trank

Koche deinen Lieblingskräutertee, süße ihn nach Geschmack mit Honig und füge eine Messerspitze Muskatnuss hinzu. Dieser Hexen-Trank kann zum Ritual im magischen Zauberkreis getrunken werden.

Hexen-Knorzen eingetopft

500 g Mehl
40 g Hefe
1 Prise Zucker
1/8 l Milch
2 Zwiebeln
1 Knoblauchzehe
1 Teelöffel Rosmarin

2 Esslöffel Dill
3 Esslöffel Butter
1/2 Teelöffel Salz
1 Teelöffel Anis
1/2 Teelöffel Fenchel
2 Eier

2 neue Blumentöpfe aus Ton (alte müssen absolut sauber sein und dürfen keine Risse haben!), etwa 14 Zentimeter Durchmesser
Öl zum Auspinseln der Blumentöpfe

Ein wenig Mehl in eine Schüssel geben, Hefe in lauwarmer Milch lösen, mit Zucker zum Mehl schütten und einen Vorteig erstellen, warm stellen und eine Viertelstunde gehen lassen. Die Zwiebeln und Kräuter sehr fein hacken, Knoblauch pressen. Die Butter bei milder Hitze schmelzen (Vorsicht, sie wird schnell braun) und mit Zwiebeln, Knoblauch, Kräutern, Eiern und Gewürzen zum Vorteig geben, mit dem restlichen Mehl zu einem Teig verkneten, noch mal warm stellen und 30 Minuten gehen lassen. Die Blumentöpfe mit Öl auspinseln, den Teig hineinfüllen im vorgeheizten Backofen (190 Grad) 40 Minuten backen.

Dieses Brot unterstützt die Wünsche und den Verstand und schmeckt total lecker.

Beltanetartar

1 große Aubergine

2 Esslöffel Granatapfelsirup (bekommst du in türkischen oder
     arabischen Läden oder in gut sortierten Feinkostläden)

3 Esslöffel gutes Olivenöl

Salz und frisch gemahlener Pfeffer

2 gepresste Knoblauchzehen

2 Esslöffel gehackte glatte Petersilie

Aubergine in Scheiben schneiden, mit Salz bestreuen, auf Küchenpapier eine halbe Stunde entwässern. Abspülen, trocken tupfen, mit reichlich Öl begießen und im sehr heißen Ofen rösten, etwas abkühlen lassen, Schale abziehen, Flüssigkeit ausdrücken und das Fruchtfleisch in winzige Stückchen schneiden (nicht pürieren!). Mit den anderen Zutaten vermischen, auf einer Platte anrichten und mit der Petersilie bestreuen.

Hexen-Schaum

1 große Salatgurke
500 g Sahnejogurt
1 Tasse gehackter Sauerampfer
1/2 Tasse Dill
1/2 Tasse Borretsch
Kräutersalz, Pfeffer
Borretschblüten zum Dekorieren

Schäle die Salatgurke, schneide sie längs durch und schabe mit einem Löffel die Kerne aus der Mitte heraus. Dann raspelst du sie und rührst die Raspel in den Sahnejogurt. Gib die Kräuter dazu und schmecke das Ganze mit Kräutersalz und frischem Pfeffer ab. Mit kleinen blauen Borretschblüten bestreuen. Wer mag, presst noch eine Knoblauchzehe hinein.

Schnee der Hexen-Weisheit

2 Becher saure Sahne
1 Becher Sahnejogurt
3 Esslöffel Olivenöl
1 klein gehackte Zwiebel
Salz und Pfeffer
verschiedene klein gehackte Kräuter
Gänseblümchen zur Dekoration

Mische den Sauerrahm mit dem Sahnejogurt, gib das Olivenöl, die gehackte Zwiebel, Salz und Pfeffer dazu sowie möglichst viele magische, klein gehackte Kräuter: Bärlauch, Kresse, Gartenrauke, Löwenzahn, Sauerampfer, Borretsch und Liebstöckel zum Beispiel. Eine gepresste Knoblauchzehe vertreibt böse Geister. Alles umrühren, mit Gänseblümchen bestreuen. Dazu schmeckt das Sabbatbrot.

Zauberkugeln

Für jeden Hexen-Festgast brauchst du ein hart gekochtes Ei und je zwei Artischockenherzen aus dem Glas, je zwei Sträußchen gut gewaschenen Feldsalat, gutes Olivenöl, etwas Balsamessig, klein gehackte Petersilie, Kapern, Brunnenkresse und je eine Hand voll Borretsch- und Kapuzinerkresseblüten. Du verrührst die Petersilie, die Kapern, das Öl und den Essig mit etwas Senf. Die Eier halbierst du und löst das Eigelb heraus. Dieses zerdrückst du mit einer Gabel, zusammen mit den Artischockenherzen und etwas Öl. Diese Masse füllst du in die Eihälften und richtest sie auf dem Feldsalat an. Die Salatsoße darüber gießen und mit den Blüten bestreuen. Die Blüten kannst du essen, sie verleihen übersinnliche Kräfte.

Walpurgisfeigen

Du brauchst so viele frische Feigen, wie du Hexen-Festgäste hast. Schneide einen Deckel ab, höhle das Innere ein ganz klein wenig aus und setz eine Haube aus Gorgonzola, den du vorher mit Sahne verrührt hast, darauf. Schmeckt wie Vollmond, Walpurgis und Samhain zusammen!!!

ZAUBEREIEN FÜR
LIEBE, GLÜCK UND BEAUTY

Das magische Sternschnupperliebesorakel

Hexen haben an alles besondere Ansprüche und auch ihr Liebster darf nicht einfach nur »irgendein« Junge sein. Du möchtest sicher auch wissen, welcher Typ besonders gut zu dir passt und welcher nicht, warum du dich mit manchen blendend verstehst, mit anderen wiederum überhaupt nicht, warum du mit deiner Freundin so herrlich albern sein kannst, dich mit dem neuen Mädchen aus deiner Klasse immer so beklemmt fühlst, warum du dich mit deinem Vater besser verstehst als mit deinem Bruder oder warum du mit dem Englischlehrer herrlich flachsen, aber mit der Mathelehrerin überhaupt nichts anfangen kannst. Mit diesem magischen Orakel kannst du in deine Sterne hineinschnuppern:

Suche in der nachfolgenden Tabelle deinen Geburtstag. Die Zahl, die in der Spalte rechts daneben steht, ist deine Sternschnupperzahl A. Auf dem gleichen Weg findest du die Sternschnupperzahl der Person, die dir wichtig ist, dein Traumjunge, dein Freund, deine Freundin, deine Eltern oder deine Berufskollegen. Diese beiden Zahlen zählst du nun zusammen und teilst die Summe durch zwei. Die Zahl, die dabei herauskommt, ist eure gemeinsame Sternschnupperzahl. Diese Zahl findest du in der Tabelle wieder, dort ist sie einem bestimmten Zeichen zugeordnet: Eurem magischen Sternschnupperzeichen. Nun kannst du nachlesen, welche Eigenschaften eure Beziehung prägen.

Ein Beispiel:

Du bist am 10. 8. 1985 geboren.
Deine Sternschnupperzahl ist also 138.
Dein Traumtyp ist am 26. 3. 1984 geboren,
seine Sternschnupperzahl ist 5,
macht zusammen 143,
durch 2 =
eure gemeinsame Sternschnupperzahl ist 71,5.
Nun wird aufgerundet auf 72.

Euer magisches Sternschnupperzeichen
ist also die Luftpower.

Sternschnupperliebesorakel

Feuerpower		Genusspower		Luftpower		Mondpower		Sonnenpower		Erdpower	
22.3.	1	21.4.	31	21.5.	60	22.6.	90	23.7.	120	24.8.	150
23.3.	2	22.4.	32	22.5.	61	23.6.	91	24.7.	121	25.8.	151
24.3.	3	23.4.	33	23.5.	62	24.6.	92	25.7.	122	26.8.	152
25.3.	4	24.4.	34	24.5.	63	25.6.	93	26.7.	123	27.8.	153
26.3.	5	25.4.	35	25.5.	64	26.6.	94	27.7.	124	28.8.	154
27.3.	6	26.4.	36	26.5.	65	27.6.	95	28.7.	125	29.8.	155
28.3.	7	27.4.	37	27.5.	66	28.6.	96	29.7.	126	30.8.	156
29.3.	8	28.4.	38	28.5.	67	29.6.	97	30.7.	127	31.8.	157
30.3.	9	29.4.	39	29.5.	68	30.6.	98	31.7.	128	1.9.	158
31.3.	10	30.4.	40	30.5.	69	1.7.	99	1.8.	129	2.9.	159
1.4.	11	1.5.	41	31.5.	70	2.7.	100	2.8.	130	3.9.	160
2.4.	12	2.5.	42	1.6.	71	3.7.	101	3.8.	131	4.9.	161
3.4.	13	3.5.	43	2.6.	72	4.7.	102	4.8.	132	5.9.	162
4.4.	14	4.5.	44	3.6.	73	5.7.	103	5.8.	133	6.9.	163
5.4.	15	5.5.	45	4.6.	74	6.7.	104	6.8.	134	7.9.	164
6.4.	16	6.5.	46	5.6.	75	7.7.	105	7.8.	135	8.9.	165
7.4.	17	7.5.	47	6.6.	76	8.7.	106	8.8.	136	9.9.	166
8.4.	18	8.5.	48	7.6.	77	9.7.	107	9.8.	137	10.9.	167
9.4.	19	9.5.	49	8.6.	78	10.7.	108	10.8.	138	11.9.	168
10.4.	20	10.5.	50	9.6.	79	11.7.	109	11.8.	139	12.9.	169
11.4.	21	11.5.	51	10.6.	80	12.7.	110	12.8.	140	13.9.	170
12.4.	22	12.5.	52	11.6.	81	13.7.	111	13.8.	141	14.9.	171
13.4.	23	13.5.	53	12.6.	82	14.7.	112	14.8.	142	15.9.	172
14.4.	24	14.5.	54	13.6.	83	15.7.	113	15.8.	143	16.9.	173
15.4.	25	15.5.	55	14.6.	84	16.7.	114	16.8.	144	17.9.	174
16.4.	26	16.5.	56	15.6.	85	17.7.	115	17.8.	145	18.9.	175
17.4.	27	17.5.	57	16.6.	86	18.7.	116	18.8.	146	19.9.	176
18.4.	28	18.5.	58	17.6.	87	19.7.	117	19.8.	147	20.9.	177
19.4.	29	19.5.	59	18.6.	88	20.7.	118	20.8.	148	21.9.	178
20.4.	30	20.5.	60	19.6.	89	21.7.	119	21.8.	149	22.9.	179
				20.6.	90	22.7.	120	22.8.	150	23.9.	180
				21.6.	90			23.8.	150		

Liebespower		Leidenschaftspower		Glückspower		Erfolgspower		Freundschaftspower		Wasserpower	
24.9.	181	24.10.	211	23.11.	241	23.12.	271	22.1.	301	21.2.	331
25.9.	182	25.10.	212	24.11.	242	24.12.	272	23.1.	302	22.2.	332
26.9.	183	26.10.	213	25.11.	243	25.12.	273	24.1.	303	23.2.	333
27.9.	184	27.10.	214	26.11.	244	26.12.	274	25.1.	304	24.2.	334
28.9.	185	28.10.	215	27.11.	245	27.12.	275	26.1.	305	25.2.	335
29.9.	186	29.10.	216	28.11.	246	28.12.	276	27.1.	306	26.2.	336
30.9.	187	30.10.	217	29.11.	247	29.12.	277	28.1.	307	27.2.	337
1.10.	188	31.10.	218	30.11.	248	30.12.	278	29.1.	308	28.2.	338
2.10.	189	1.11.	219	1.12.	249	31.12.	279	30.1.	309	29.2.	339
3.10.	190	2.11.	220	2.12.	250	1.1.	280	31.1.	310	1.3.	340
4.10.	191	3.11.	221	3.12.	251	2.1.	281	1.2.	311	2.3.	341
5.10.	192	4.11.	222	4.12.	252	3.1.	282	2.2.	312	3.3.	342
6.10.	193	5.11.	223	5.12.	253	4.1.	283	3.2.	313	4.3.	343
7.10.	194	6.11.	224	6.12.	254	5.1.	284	4.2.	314	5.3.	344
8.10.	195	7.11.	225	7.12.	255	6.1.	285	5.2.	315	6.3.	345
9.10.	196	8.11.	226	8.12.	256	7.1.	286	6.2.	316	7.3.	346
10.10.	197	9.11.	227	9.12.	257	8.1.	287	7.2.	317	8.3.	347
11.10.	198	10.11.	228	10.12.	258	9.1.	288	8.2.	318	9.3.	348
12.10.	199	11.11.	229	11.12.	259	10.1.	289	9.2.	319	10.3.	349
13.10.	200	12.11.	230	12.12.	260	11.1.	290	10.2.	320	11.3.	350
14.10.	201	13.11.	231	13.12.	261	12.1.	291	11.2.	321	12.3.	351
15.10.	202	14.11.	232	14.12.	262	13.1.	292	12.2.	322	13.3.	352
16.10.	203	15.11.	233	15.12.	263	14.1.	293	13.2.	323	14.3.	353
17.10.	204	16.11.	234	16.12.	264	15.1.	294	14.2.	324	15.3.	354
18.10.	205	17.11.	235	17.12.	265	16.1.	295	15.2.	325	16.3.	355
19.10.	206	18.11.	236	18.12.	266	17.1.	296	16.2.	326	17.3.	356
20.10.	207	19.11.	237	19.12.	267	18.1.	297	17.2.	327	18.3.	357
21.10.	208	20.11.	238	20.12.	268	19.1.	298	18.2.	328	19.3.	358
22.10.	209	21.11.	239	21.12.	269	20.1.	299	19.2.	329	20.3.	359
23.10.	210	22.11.	240	22.12.	270	21.1.	300	20.2.	330	21.3.	360

☿ Feuerpower

Eure Beziehung ist geprägt von Optimismus, Tempo und Bewegung, aber auch von Mut und Ehrlichkeit. Hier werden die Karten voller Leidenschaft auf den Tisch gelegt. Motto: Wer Hunger hat, will essen. Wer Sex will, säuselt nicht von rüschengeschmücktem Kuscheln. Hier fliegen auch die Fetzen, wenn es sein muss. Die Konkurrenz untereinander ist stark ausgeprägt. Wer von euch beiden ist besser, schöner, intelligenter, flirtet besser, kommt besser bei anderen an und, und, und? Hier schaukelt ihr euch mit Leidenschaft gegenseitig hoch. Dennoch schafft ihr es, immer fair miteinander zu bleiben. Ein Kunststück! Deswegen überdauert eine solche Beziehung oft auch dann noch, wenn das Liebesfeuer längst erloschen ist. Wenn ihr beide gefordert seid und euch nicht langweilt, habt ihr das Zeug zum Erfolgsteam.

☿ Genusspower

Eure Beziehung ist geprägt von Sinnlichkeit, Treue und Erdverbundenheit. Ihr katapultiert euch gemeinsam ins Schlaraffenland. Sogar Menschen, die normalerweise gar nicht dazu neigen, werden in dieser Beziehung schwach. Nicht selten geht eine Konfektionsgröße dabei drauf. Es wird geschwelgt auf Teufel komm raus – auch in Lust und Liebe. Ihr hockt zusammen und diskutiert über Gott und die Welt, über Luxus und die schönen Dinge des Lebens. Ihr experimentiert auch zusammen – mit Farben, Tönen, Gerüchen und Geschmäckern. Aber auch des Teufels Artgenossen schlummern in der Genusspower: Ihre Kehrseite sind nämlich Habgier und Geldsucht. Doch meist sind die Genusspower-Beziehungen glücksspendende Gemeinschaften, fröhlich und praktisch zugleich, mit viel Spaß an der Sache. Wenn es eine Arbeitsbeziehung ist, kommt auch das Gesellige nicht zu kurz.

☿ Luftpower

Eure Beziehung ist geprägt von Offenheit, Spaß und Vielseitigkeit. Ihr unterhaltet euch gern fröhlich, laut und durcheinander. Frivole Witze sind eure gemeinsame Leidenschaft. Die Liebesbeziehung ist ungeheuer aufregend, allerdings nicht besonders innig. Ihr mögt euch gerne, klebt aber nicht aneinander. Eher beglückt ihr euch gegenseitig wie Hummeln an einem Blumenstock. Das löst unter Umständen Angst aus. Doch das gehört auch zur Luftpower dazu: Wer feste Bindung sucht, muss hier leiden. Es existieren auch noch andere tolle Menschen, die nur darauf warten, einen in die Arme zu nehmen. Die Angst vor Verlust schwingt also immer mit. Doch für eine Freundschaft, geschwisterliche Zuneigung oder eine offene Beziehung ist das ganz okay so. Zusammen auf Partys gehen, verreisen, Action machen, Pferde stehlen – alles geht prima. Zusammenarbeiten ist auch angesagt, doch immer Distanz halten ist zu empfehlen.

☽ Mondpower

Eure Beziehung ist von Herzlichkeit, Geborgenheit und Fürsorge geprägt. Ihr seid tief und innig miteinander verbunden, ihr fühlt euch einander nah und lebt nach dem Motto

»Das Einzige, was sich verdoppelt, wenn man es teilt, sind Glück, Liebe und Freundschaft!«. Das klingt in manchen Ohren vielleicht langweilig, ist es aber ganz und gar nicht. Ihr könnt miteinander reden und Pläne schmieden, ihr seid nur zufrieden, wenn ihr zusammen seid. Darin liegt aber auch die Gefahr: Unter Umständen könnt ihr euch nicht wieder voneinander loseisen. Ihr könnt voneinander so abhängig werden, dass einer von euch allein ganz hilflos ist. Doch Trennung ist ja manchmal lebenswichtig. Da ihr eine starke Verbindung zum Mond und seiner Magie habt, eher gefühls- als vernunftbetont seid, passt ihr als Arbeitspaar nicht zusammen, weil ihr beide Gefühl und Sachlichkeit nicht trennen könnt.

☿ Sonnenpower

Eure Beziehung ist geprägt von Fun und Frohsinn, ihr seid beide beliebt und großzügig. Eure große Leidenschaft ist Party machen. Luxus ist euer gemeinsames Lebensziel. Miesnickel haben in eurer Nähe keine Chance. Die oberen Zehntausend – das ist eure Welt. Sweet, soft and lazy ist euer Lebensstil. Arbeiten? Sollen doch die anderen, es gibt Wichtigeres zu tun. Die Sonne schenkt eurer Beziehung eine ganz besondere

Power und Ausstrahlung. Andere sind von euch beiden mächtig beeindruckt und nicht selten auch ein wenig neidisch:»Die haben es gut, die haben es geschafft!«, mögen sie denken. Doch wo Licht ist, ist bekanntlich auch Schatten. Die Gefahr eurer Sonnenpower liegt in eurem doppelt vorhandenen Machtstreben. In null Komma nichts kann es passieren, dass ihr vom gockelnden Liebespaar zu rasenden Wildtieren werdet, die sich bis aufs Blut bekämpfen. Das passiert vor allem, wenn sich einer von euch beiden nicht genügend beachtet fühlt. Genügend eigene Aktivitäten ohne den anderen sind wichtig, um diesen Kampf zu vermeiden. Als Arbeitspaar könnt ihr gemeinsam brillieren (wenn ihr euch nicht gerade bekämpft) und anderen das Gefühl vermitteln, ihr könntet gemeinsam die Welt aus den Angeln haben. Nur: In Wirklichkeit habt ihr gar keine Lust dazu.

⚘ Erdpower

Eure Beziehung ist geprägt von Ehrlichkeit und Fürsorge. Ihr geht unschuldig wie kleine Kinder miteinander um. Ständig macht ihr Kindergeburtstag mit vielen kleinen Überraschungen für den anderen. Ihr umsorgt euch von früh bis spät. Nur so recht erwachsen wird diese Beziehung nicht. Selbst eure Sprache ist kindlich, ja manchmal sogar babyhaft. Vielleicht weil ihr beide euch eure Unschuld nicht nehmen lassen wollt? Weil ihr glaubt, dass nur Kinder mit reinem Herzen lieben können? Außerhalb eurer Beziehung seid ihr taff, voll informiert, zielgerichtet und erfolgreich. Man könnte euch glatt für erwachsen halten. Doch kaum seid ihr wieder zusammen, seid ihr wieder wie die Kinder. Diese kindliche Frische färbt auch auf andere ab, andere sind gerne mit euch zusammen. Ihr kitzelt gewissermaßen das Gute im Menschen heraus, denn man kann euch nichts zu Leide tun. Allerdings: Je älter so eine

Beziehung wird, desto mehr läuft sie Gefahr, albern zu wirken. Als Arbeitsbeziehung ist die Erdpower jedoch genial. Und unter Freunden unbezahlbar.

☿ Liebespower

Eure Beziehung ist geprägt von Harmonie und Erfüllung. Ihr geht verständnisvoll und offen miteinander um. Ihr seid wie Pat und Patachon, wie Ying und Yang, wie Pütt und Pann: Was dem einen fehlt, das hat der andere. Ist einer von euch sehr temperamentvoll, ist der andere eher zurückhaltend. Ist der eine eher etwas großkotzig, gibt sich der andere bescheiden. So ergänzt ihr euch großartig und mildert euch zusammen etwas ab. Aus euren Gegensätzen wird eine runde Sache. Gegensätze ziehen sich an, sagt man ja. Auf euch beide trifft das hundertprozentig zu, als hätten höhere Mächte ihre Hand im Spiel. Geben und Nehmen ist bei euch harmonisch und ausgeglichen. Im Positiven wie im Negativen. »Würgt« der eine dem anderen »eine rein«, wird es nicht lange dauern, bis es umgekehrt der Fall ist. Beschenkt der eine den anderen, wird es bald ein Gegengeschenk geben. Ihr seid auf Gedeih und Verderb miteinander verbunden. Denn ihr bietet euch gegenseitig die Möglichkeit, in eine völlig andere Welt einzutauchen und trotzdem die eigenen Besonderheiten auszuleben. Auch als Arbeitspaar seid ihr geeignet.

☿ Leidenschaftspower

Eure Beziehung ist geprägt von Intensität und Hingabe. Eine sexuelle, sinnliche Note schwingt immer mit – egal, ob ihr sie auslebt oder nicht. Falls ihr sie auslebt, bringt ihr euch gegenseitig zur Raserei. Gemeinsam seid ihr verrückt, ekstatisch und bodenlos, selbst wenn ihr normalerweise cool seid. Man könnte meinen, ihr seid verzaubert. Ihr habt das Gefühl, euch schon ewig zu kennen, euch vielleicht in einem früheren Leben bereits begegnet zu sein. Die Grenzen zwischen euch zerfließen. Doch da steht auch immer die Frage im Raum: Wer nimmt mehr Platz ein, wer ist mächtiger, wer ist der Schwächere? So ausschließlich wie ihr euch liebt, so rasend eifersüchtig könnt ihr auch sein. Diese maßlose Eifersucht kann durch alles geweckt werden, nicht nur durch andere Menschen. Eine Zusammenarbeit ist schon möglich, aber immer begleitet von großen Gefühlen und – eben – Eifersucht. Wenn die Gefühle schwinden, ist es schnell aus mit dem Himmelsflug.

Glückspower

Eure Beziehung steht unter einem ganz besonderen Stern. Sie ist geprägt von gönnen können, Großzügigkeit und Humor. Ihr entwickelt gemeinsam ein großes Herz – für euch selbst, die ganze Welt, für große und kleine Wesen des Universums. Ihr habt ein großes Gespür für Magie und eine Menge Intuition. Ihr geht sehr respektvoll miteinander und allen anderen um. Euer Geheimnis lautet: Vom Universum kommt umso mehr zurück, je mehr wir anderen geben. Ihr seid anderen auch gute Freunde, ihr helft ihnen, sprecht ihnen Mut zu und baut sie in Krisen wieder auf. Manch einer hat euch viel Solidarität zu verdanken. Aber ihr pflegt auch seine sehr genussvolle Seite, ihr esst und trinkt gerne. Und füttert auch euren Geist mit passender Nahrung. Eure Gespräche finden auf einem hohen Niveau statt. Meistens seid ihr euch in der Sicht der Welt einig. Aber ihr sagt euch auch die Meinung. Noch eine gemeinsame Leidenschaft: Ihr reist unheimlich gern, um die Welt zu verstehen. Arbeitsmäßig passt ihr bestens zusammen, denn ihr ergänzt euch.

⚘ Erfolgspower

Eure Beziehung ist geprägt von Ehrgeiz und Vorankommen-Wollen. Gemeinsam seid ihr wie eine Burg auf einem hohen Berg. Es zieht immer etwas und man muss sich warm anziehen im Umgang mit euch. Ihr vermittelt anderen das Gefühl, dass ihr über allem thront. Ihr lebt eher spartanisch, Luxus und Genuss haben keinen Platz zwischen euch. Gemütlichkeit und Gefühle – ebenfalls Fehlanzeige. Lieber marschiert ihr gemeinsam durch die Hölle, trotzt den Unbilden des Lebens und seht

zu, dass ihr weiter nach oben kommt. Man gönnt sich ja sonst nichts. Rücksicht nehmen auf andere ist auch nicht gerade eure Stärke, ihr habt einen Ruf wie Donnerhall und manch einer fürchtet sich sogar ein wenig vor euch. Die Erfolgspower bringt euch aber in der Tat einzeln und zusammen voran und ihr schenkt euch dabei auch selbst nichts. Geld ist in solchen Beziehungen immer gewiss. Leider fehlt jedoch die Fähigkeit, es auch gemeinsam zu genießen. Dass ihr zusammen auch als Freunde und Schulkameraden oder Geschäftspartner ein erfolgreicher Renner seid, versteht sich fast schon von selbst.

Freundschaftspower

Eure Beziehung ist geprägt von Respekt und Offenheit. Ihr geht tolerant und loyal miteinander um. Eure Freundschaft ist der Punkt, um den sich alles dreht – ganz egal, ob ihr ein Liebespaar seid oder nicht. Ihr seid das, was man wahre Freunde nennt. Und die sind ja bekanntlich selten. Ihr seid zwei starke eigenständige Persönlichkeiten, das ist auch ein Geheimnis eurer Beziehung. Deshalb hat eure Beziehung auch Aussicht auf Dauer. Denn wenn die ersten Gefühlsstürme abgeflaut sind, habt ihr immer noch eure Freundschaft. Sie ist aufrichtig, ehrlich und kräftemäßig gleich verteilt. Keiner bevormundet den anderen oder kontrolliert ihn gar. Ihr liebt euch bedingungslos. Und wo gibt es das schon? Die meisten reden drüber, wissen aber letztlich gar nicht, was das ist. Nicht viele Menschen kommen in den Genuss dieses Zeichens.

Wasserpower

Eure Beziehung ist geprägt von geistiger Weite. Ihr seid mitfühlend und rücksichtsvoll. Ihr habt beide einen Hang zum Spirituellen. Jeder von euch kommt auch allein bestens klar, und wenn ihr eine Beziehung unter dem Zeichen der Wasserpower eingeht, hat das seine besonderen Gründe: Ihr seid euch unheimlich ähnlich, und das macht die Sache sehr unkompliziert, ihr wollt den Spaß miteinander teilen, aber nicht den Alltag. Ihr findet die Liebe viel zu schön, um sie in einer Beziehung zu beerdigen. Manchmal steckt einer von euch auch noch in einer anderen Beziehung. Spielt für euch keine Rolle. Ihr teilt den Himmel der Liebe, den Rest können die anderen ruhig haben. Insgesamt eine unglaublich seltene Kombination. Für echte Freundschaft ist dieses Power-Zeichen nicht geeignet. Aber fürs gemeinsame Abhängen auf Partys und rauschende Feste ist es ideal.

Liebeszaubereien

Um die Liebe und die Beziehung kreist ein großer Teil unserer Gedanken. Aber nicht immer läuft es so, wie man es sich erhofft, da helfen die schönsten Träume nichts. Der oder die Angebetete nimmt einen nicht zur Kenntnis, zeigt einem die kalte Schulter oder verstößt einen. Himmelhoch jauchzende Freude und tiefer Kummer liegen oft eng beieinander. Was liegt da näher als in Zauberritualen Schutz und Hilfe zu suchen?

Wer die Kraft des Mondes anzapft und seine Energien bündelt, hat vielleicht Glück, dass sich die Zauberfomeln verstärken. Der mächtigste Bestandteil der Zauberei aber ist die Liebe selbst. Erst Denken, Gedanken und Liebe machen einen Zauber wirksam. Willst du einen Liebeszauber aussprechen, musst du dich sehr konzentrieren, fest daran glauben und nicht ungeduldig sein. Jede Zauberformel sollte etwas Gutes bewirken wollen und von Herzen kommen. Richte deine Gedanken wie einen Pfeil auf dein Ziel.

Liebespower aus der Zwiebel

Willst du einen bestimmten Jungen dazu bringen, sich in dich zu verlieben, kannst du zwischen Neumond und Vollmond eine der folgenden magischen Zauberformeln aussprechen, wie man das Herz eines Jungen gewinnt:

Schreibe den Namen deines Schwarms auf die Unterseite einer Zwiebel oder Blumenzwiebel. Diese pflanzt du in Blumenerde in einen neuen Topf. Den stellst du an ein Fenster in die Himmelsrichtung, wo der Boy wohnt. Morgens und abends wiederholst du diese magischen Worte, bis die Blume wächst und blüht:

>»Mögen die Wurzeln wachsen,
mögen die Blätter wachsen,
mögen die Blumen wachsen
und möge die Liebe von...
für mich genauso wachsen.«

Wenn der Mond dir bei der Erfüllung deines Wunsches helfen soll, solltest du ihn mit folgendem Spruch anrufen:

>»Ich seh den Mond, der Mond sieht mich.
Der Mond sieht, wen ich sehen will.«

Zauber gegen einen gleichgültigen Jungen

Wenn du das Gefühl hast, dass ein Junge sich nicht so brennend für dich interessiert, wie du es dir wünschst, könntest du ihm folgendermaßen auf die Beine helfen – vorausgesetzt, es gelingt dir, einige Haare von dem jungen Mann zu ergattern. Dann brauchst du noch Räucherstäbchen mit Rosenduft. Rosen sind die Blumen der Liebe und ihr Duft betört eigentlich jeden. Sage den Rosenduftstäbchen mehrmals hintereinander den Namen des Jungen, der sich für dich erwärmen soll. Sag ihnen, dass du von ihm geliebt werden möchtest. Halte nun seine Haare an die Stäbchen, bis sie versengt sind – Vorsicht, verbrenn dir nicht die Finger dabei!

Während die Haare kokeln, versuche dir vorzustellen, wie die Gleichgültigkeit des Jungen aus seinem Körper wandert und glühender Liebe Platz macht. Lass die Stäbchen herunterbrennen, während du daran denkst.

Zauber gegen ein gebrochenes Herz

Er hat dich verlassen, vielleicht wegen einer anderen, und du spürst einen Liebesschmerz, der schlimmer weh tut als Zahnweh? So vergeht er schneller:

Nimm einige Lorbeerblätter, fülle eine Tasse oder Schale mit Wasser und zieh dich an einen ruhigen Ort zurück. Setz dich bequem und ganz still hin, schließe die Augen. Stell dir vor, du sitzt an einer Quelle oder einem Bach, gieß deinen Kummer in dieses Wasser und schau zu, wie er langsam davonschwimmt und sich dabei auflöst. Weine ruhig dabei, denn auch die Tränen schwemmen den Schmerz fort. Wenn du einigermaßen ruhig bist, leg die Lorbeerblätter in das Wasser. Öffne deine Kleidung und bespritze dich mit einigen Tropfen dieses Wassers. Sage dabei: »Dieses Wasser des Lebens wird das Leid aus meinem Herzen waschen, meine Schmerzen werden weichen, mein Glück wird wiederkehren.«

Gib noch ein frisches Lorbeerblatt ins Wasser und stell die Tasse neben dein Bett. Lass die Tasse drei Nächte dort stehen. Am dritten Tag solltest du merken, wie der Schmerz nachlässt.

Das Liebeskissen der Hexen

Du kannst deiner Liebe auch mit einem Liebeskissen auf die Sprünge helfen! Du brauchst ein paar Stückchen Stoff, der nicht zu fest ist, denn sonst dringen die schönen Düfte nicht durch ihn hindurch. Dann nimmst du getrocknete Hexen-Kräuter und -Blüten sowie deine ätherischen Lieblingsöle aus deinem Hexen-Repertoire. Aus dem Stoff nähst du dir kleine Kissen und füllst sie mit der Blüten-Duft-Mischung. Du kannst stattdessen auch Wattebällchen hineingeben, die mit deinem Lieblingsduftöl getränkt sind. Besonders liebesfördernd sind Rosenkissen, in die du getrocknete Rosenblüten füllst, und Wattebällchen, die mit Rosenöl parfümiert sind. Das Kissen sollte nicht zu weit von der Nase wegliegen, damit es wirken kann.

Gegen schlechten Schlaf hilft ein Schlummerkissen. Hierfür eignen sich als Füllung: Pfefferminze, Melisse, Kamille, Heublumen, Baldrian, Lavendel oder Hopfen. Die Blüten von Lavendel, Melisse und Hopfen sorgen für einen traumhaften Schlaf, wenn sie als Kräuterkissen mit ins Bett genommen werden. Um den Duft die ganze Nacht einzuatmen, legst du das Kissen ganz dicht neben den Kopf. Durch deine Körperwärme beginnt es, seine Aromen zu entfalten.

Wer es lieber bequemer hat, kann sich solche Wonne-kissen auch kaufen – zum Beispiel in der Apotheke, in Marken-Drogerien und im Versandhandel. Wenn du deinem magischen Kissen ab und an einen Knuff versetzt, hält es länger. Zum Aufbewahren steckst du es in Plastikbeutel – so halten die Kissen ihre wirksamen Düfte bis zu einem halben Jahr.

Liebesgeheimnisse

Du bist mit deinem Süßen verabredet? Zum ersten Mal? Und er kommt sogar zu dir? Lass dich von Kleopatra inspirieren: Sie ließ die Segel ihres Lustschiffes parfümieren, wenn der Lover nahte. Während der Nilfahrt, zu der sie ihn einlud, wehte ihm der aphrodisierende Fahrtwind um die Nase und er erlag der schönen Frau. Auch dein Zimmer kann so verführerisch duften, dass er schon schwach wird, wenn Mama noch die Wohnungstür schließt. Lass deine Nase entscheiden, welcher Duft dein Zimmer zur Liebeshöhle macht, welches Blütenaroma deine Lust weckt. Jasmin zum Beispiel, das ist ein sinnlicher Duft, der die Laune steigen lässt. Ylang-Ylang oder die Lilie? Oder vielleicht eher die Königin der Blumen, die Rose? Ihr schöner Duft soll ja tatsächlich Liebesgefühle wecken.

Verstreue Rosenblätter in deinem Zimmer und leiste dir den Luxus von purer Rosenessenz. Schon ein paar Tropfen davon in der Duftlampe aromatisieren einen ganzen Raum. Dazu kannst du andere Düfte komponieren wie Tuberose, Moschus, Ambra oder Sandelholz.

Hexen-Wickel

Vorher kannst du dir noch einen hoch wirksamen Hexen-Wickel zur Vorbereitung machen. Deine meditativen Aufnahmekräfte werden so gestärkt. Dazu brauchst du 100 Gramm Kräutermischung aus Kamille, Zitronengras, Rosmarin, gehacktem Ingwer und Pefferminzblättern. Diese Mischung gibst du in einen großen Topf und übergießt sie mit fünf Litern kochendem Wasser. 20 Minuten ziehen lassen, die Kräuter abgießen und in das Kräuterwasser ein Badetuch legen. Nach fünf Minuten herausnehmen, auswringen und etwas Wärme auswedeln. Dann schlingst du dir das Tuch um deinen Körper. Wickele darüber ein zweites trockenes Handtuch und zieh deinen Bademantel an.

Nun legst du dich für zehn Minuten in dein duftendes Zimmer. Handy und Musik sind tabu! Dann entfernst du den Wickel, trinkst ein Glas Wasser und legst dich noch ein Weilchen hin. Jetzt ist dein Körper ganz relaxed und deine Sinne offen für deinen Besuch.

Strahlende Augen

Einen glücklichen Menschen erkennt man an seinen strahlenden Augen. Dieses Strahlen kommt natürlich von innen – ganz besonders bei jungen Hexen. Aber am Tag des Dates kannst du natürlich auch von außen ein wenig nachhelfen. Hier zwei alte Hexen-Rezepte:

Mische einen halben Esslöffel Milch mit einem halben Esslöffel schwarzen Tee und einem Schälchen. Tränke damit zwei Wattepads und leg sie zehn Minuten auf die Augen.

Oder tränke zwei Wattepads mit Rosenwasser und leg sie auf die Augen. Wirkt beruhigend, auch bei gestressten Augen und Liebeskummer. Eignet sich auch als Gesichtskompresse: eine Serviette oder einen Waschlappen mit Rosenwasser beträufeln und zehn Minuten auf das Gesicht legen. Macht die Haut zart und frisch.

Betörende Füße

Gepflegte Füße sind so gut wie eine Visitenkarte. Mische 10 ml Weizenkeim- oder Mandelöl mit 10 ml Jojobaöl, drei Tropfen Rosenöl, zwei Tropfen Myrrhe und einen Tropfen Weihrauch. Nun gibst du davon etwas auf die Hände und beginnst deine Füße zu massieren. Arbeite dich mit dem Daumen in kleinen Kreisbewegungen von den Knöcheln bis zu den Zehen vor, die Fußsohlen massierst du mit den Fingerknöcheln. Am Schluss umfasst du jeden Fuß mit beiden Händen und lässt das wohlige Gefühl aus den Füßen in den Körper ziehen.

Liebesöl

Du kannst dich auch am ganzen Körper mit einem Liebesöl einölen: 50 ml Mandelöl werden in einem Schälchen vermischt mit sechs Tropfen Sandelholz, drei Tropfen Kardamom, einen Tropfen Muskat, sechs Tropfen Bergamotte, drei Patschuli und einen Tropfen Moschus. In leicht kreisenden Bewegungen von Fuß bis Kopf einmassieren, etwas einziehen lassen und Überschüsse mit einem Handtuch wegtrocknen.

Zitronenkur für das Haar

Zitronen gelten den Hexen als Glücksbringer. Werden sie mit Stecknadeln gespickt, halten sie das Böse fern und das Gute fest. Eine Zitrone, die mit einer Peperoni auf ein Band gefädelt ist, kannst du über deine Zimmertür hängen. Sie sorgt dafür, dass negative Energien aufgenommen und von dir fern gehalten werden. Mit Zitronen bereiten Hexen auch eine Menge von Beautyrezepturen zu. Zum Beispiel:

Eine Tasse Milch schaumig schlagen, einen Teelöffel Zitronensäure aus der Apotheke dazugeben, den Saft einer halben Zitrone und einen Esslöffel Öl (am besten Kokosöl). Nachdem du das Shampoo ausgespült hast, lässt du diese Mischung einwirken, dann gut ausspülen. Bringt Power ins Haar.

Magischer Liebeskreis

Wenn du deine Liebe schützen willst, kannst du vor dem Date noch einen Steinkreis legen. Dafür nimmst du schöne Steine, bei denen du magische Kräfte spürst. Aus diesen Steinen kannst du in deinem Zimmer, etwa um das Sofa herum, auf dem ihr sitzen oder liegen werdet, einen Kreis legen. Dieser Kreis segnet eure Beziehung. Wenn du das aber nicht möchtest (vielleicht damit er dich nicht fragt, was das denn ist) kannst du auch auf deinem Altar einen Kreis legen und in der Mitte eine rote Kerze und vielleicht ein Bild von euch aufstellen. Es sollten mindestens sieben Steine sein. Sieben ist bei den Hexen die Zahl der Liebe.

Glückszauberei —
Amulette und Talismane

Hokus, Pokus, Fidibus, dreimal schwarzer Kater ... so kennen wir die Zaubereien aus Märchen. Die schwarze Katze gilt seit der Zeit der Hexen-Verfolgungen als unheimliches Geschöpf der Nacht. Katzen können im Dunkeln sehen, sind aber selbst fast unsichtbar und lautlos. Sie galten als Begleiter der verfolgten Hexen und wurden ebenso wie diese als Dämonen brutal umgebracht. Deshalb fürchtet sich heute manch einer vor der schwarzen Katze, ohne zu wissen, warum: Wer im Mittelalter in ihrer Nähe gesehen wurde, musste um sein Leben fürchten. Heute ist die Katze das beliebteste Haustier und die samtpfötige Freundin der Frauen, der man alles anvertrauen kann. In Japan gilt die winkende Katze als Geld- und Glücksbringer.

Amulette und Talismane spielen in der Welt der Hexen eine große Rolle. Sie sollen schützen, Gutes fördern, die positiven Energien verstärken und Böses abwenden. Glückssteine waren schon im Mittelalter in Europa sehr beliebt. Auch viele andere Dinge, die man heute für Aberglauben hält, haben ihren Ursprung in Realität oder Überlieferung: Ein schönes rundes, rosiges Schwein konnten sich früher die wenigsten Menschen leisten. Deshalb galt das Schwein als Symbol für Glück und Wohlstand — wer eines hatte, konnte sich glücklich schätzen. Deshalb schenkt man sich heute zum neuen Jahr Marzipanschweine und sagt von jemandem, den ein Glücksstrahl getroffen hat: »Der hat aber Schwein gehabt!« Wer ein vierblättriges Kleeblatt findet, ist ebenfalls ein Glückskind. In Asien bringen Buddhafiguren Weisheit, Fülle, Reichtum und unendliches Glück. Auch Hufeisen bringen Glück. Wer sie aufhängen will, sollte darauf achten, dass die Öffnung nach oben geht. Denn sonst kann das Glück nicht eintreten. Viele Hexen verwenden heute das keltische Kreuz als Talisman.

Mit folgenden Zaubereien kannst du dein Glück beeinflussen:

Glücksenergie vom Mond

Wenn du den Mond bitten willst sich für dein glückliches Geschick zu verwenden, zieh dich in einer Nacht mit zunehmendem Mond (also nach rechts gewölbt) nach draußen zurück oder setz dich in deinem Zimmer ans offene Fenster – du solltest ungestört sein. Atme tief die frische Nachtluft ein und entspanne dich.

Blick auf die Mondin und spüre ihre Kraft. Sprich sie an: »Mondin, Jungfrau, Schöpferin, hilf mir meine Kraft zu wecken. Gib mir deine unbändige Energie, damit meine Begabungen und Talente an die Oberfläche kommen und aufbrechen wie ein Samenkorn, das aufgeht. Schenke mir dein ewiges Licht, damit es mein Glück bescheinen kann.« Konzentriere dich voll darauf, atme dabei tief und ruhig, bis du dich selbst ganz erfüllt fühlst.

Sprich diese Formel sieben Mal hintereinander und zapf die Mondenergie an, wann immer du es kannst.

Glück spendendes Eichenbad

Mit diesem Zauber reinigst du dich und lockst das Glück herbei. Du brauchst eine Hand voll (saubere) Eichenblätter, einige Tropfen Zitronengrasöl, eine Eichel, ein Stück rote Kordel.

Bei Neumond lässt du heißes Wasser in die Badewanne, gibst die Eichenblätter und das Öl hinein. Dann steigst du in die Wanne, hältst dabei die Eichel in der Hand und sagst: »Reinige meinen Geist und meine Seele und mach mein Leben reich.« Bitte die Eichel deine Freundin zu sein, bitte sie dir beizustehen und dein Leben positiv zu verändern. Nun legst du sie auf den Badewannenrand und genießt dein Bad. Schließ die Augen und stell dir vor, du lägest unter einer steinalten Eiche und ließest dir von ihr Kraft spenden.

Nach dem Bad legst du die Eichel unter dein Kopfkissen und am nächsten Morgen, so früh es geht, in die Morgensonne. Wickel dir die Kordel um deinen Zeigefinger und konzentriere dich auf die Eichel. Stell dir vor, wie dir ein neues Leben heraufdämmert. Nun ist die Eichel dein Talisman und zuständig für dein Glück, du solltest sie stets bei dir tragen. Lächle, wann immer du an sie denkst.

Glückszauber

Wenn du deinem Glück etwas Beine machen möchtest, solltest du stets zwei Lorbeerblätter und eine Zimtstange bei dir tragen. Diese Verbindung wendet das Glück zu deinen Gunsten. Du kannst die beiden Stoffe auch in deinen Händen eine Weile lang reiben, damit sie ihre kräftigen Düfte freigeben. Mit diesen Dufthänden massierst du dann deine Füße, damit sie dich zum Glück tragen.

Glückssteine

Hast du einen konkreten Wunsch an dein Glück, kannst du auch einen schönen Stein (am liebsten mit einem Loch) nehmen, ihn gründlich mit Wasser abschrubben und deinen Wunsch darauf schreiben. Er sollte klar und deutlich formuliert sein, damit es keine Irrtümer gibt. Dann vergräbst du ihn an einem geheimen Ort – am besten bei Mondschein. In das Loch gibst du noch eine blaue und eine grüne Schleife und auf den Stein eine ordentliche Prise Nelkenpulver. Nun bedeckst du den Stein mit Erde und denkst fortan nicht mehr an deinen Wunsch, bis er in Erfüllung geht.

Glückskreis

Du stellst auf deinen Altar eine blaue und eine orangefarbene Kerze, die zündest du an. Drum herum machst du einen Kreis aus sieben Töpfen mit weißer Heide oder sieben Büscheln Johanniskraut, das du selbst gepflückt hast. Dabei sprich deine Wünsche aus und lass die Kerzen etwas herunterbrennen. Dieses Ritual solltest du sieben Mal – am besten sieben Nächte lang – machen. Das Johanniskraut kannst du nun an die Tür hängen oder die Heide vor die Eingangstür pflanzen, damit das Glück auch bei dir eintritt.

Mädchen – voll magisch!

Das Geheimnis der selbstständigen, mit sich zufriedenen und glücklichen jungen Hexe besteht darin, dass sie versucht so zu leben, wie sie selbst es wirklich will, und nicht, wie andere es von ihr erwarten. Natürlich kostet es durchaus Überwindung, sich anders zu verhalten, als andere es vielleicht von einem erwarten. Häufig wird uns an den Kopf geworfen, dass wir Frauen uns egoistisch verhalten, wenn wir uns selbst hoch halten und voranstellen oder Dinge tun, die andere nicht begreifen. »So eine alte Hexe!«, wird dann oft gesagt. Doch erst Unabhängigkeit und Persönlichkeit ermöglichen ein kreatives und entspanntes Miteinander. Nur wer nicht auf andere angewiesen ist, kann frei entscheiden mit wem und in welcher Weise er mit anderen etwas zu tun haben möchte. Nur selbstbestimmte und unabhängige Menschen können wirklich ausgefüllte Beziehungen leben – privat wie beruflich.

Hexe sein erfordert, Durchblick im eigenen Leben zu gewinnen, sich ernst zu nehmen und neugierig darauf zu sein, was in einem steckt. Das bedeutet, Abhängigkeiten zu erkennen, für sich selbst sorgen zu können, sich zu schützen, allein und in einer Gruppe stark zu sein. Es bedeutet, sich Träume selbst zu erfüllen und nicht darauf zu warten, dass es jemand anderes tut, oder jemandem anders vorzuwerfen, dass er es nicht tut. Es bedeutet, sich Ziele zu stecken und sie auch aktiv anzugehen. Es bedeutet, den Verstand zu benutzen und die Gefühle nicht zu kurz kommen zu lassen. Es bedeutet, Worte und Taten miteinander in Einklang zu bringen.

Es bedeutet, dass wir wissen, dass wir nur ein Winzling im Universum sind, aber eingebettet in die Natur, dass wir unser Leben wie eine schöne, aber zarte Blume hegen und pflegen wollen, es beschützen, ihm Nahrung und Wachstumsmöglichkeiten geben und uns an den bunten Farben und

Stimmungen erfreuen. Es bedeutet, die Frau zu werden, die wir sein wollen! Und zwar immer wieder aufs Neue. Das ist der ganze Zauber des Hexen-Business ...

Noch mehr Hexen-Wissen

**Ausgefallene Kräuter, Gewürze
und Pflanzen gibt es bei:**

Alraun-Kräuterversand
Postfach 1322
63503 Idstein
Tel.: 0 61 26/5 55 75
Fax: 0 61 26/5 55 69

**Ätherische Öle und Räucherwerk
bekommst du in vielen
Apotheken, Drogerien, Bio- und
Teeläden oder im Internet unter**

www.spinnrad.de
www.primavera-life.de
www.amrita.de

**Spezielles Hexen-Zubehör und
-Musik bekommst du bei**

Theas Welt der Mystik
Hebelstraße 23/1
73061 Ebersbach
Tel. + Fax: 0 71 63/5 24 36

Lunara Esoterik Versandhandel
Feldstraße 18
40667 Meerbusch

Hexenladen Sandra
Baierbrunner Str. 2
81379 München

Esoterik & Magie Pur
Heilig-Geist-Gasse 23
94032 Passau

Aquarius
c/o Silenzio Media Group Center
Hainbrunnerstraße 8
91391 Forchheim
Tel.: 0 91 91/70 33 15
Fax: 0 91 91/70 32 90

Hexen-Bücher zum Weiterlesen:

Susanne Schmidesberger
Hexengarten,
Gräfe und Unzer, München

Titania Hardie
Liebeszauber,
Franckh Kosmos, Stuttgart

Thea
Hexenwissen,
Ludwig Verlag, München

Sylvia Schneider
Mondpower für Mädchen,
Ueberreuter, Wien

Gillian Kempa
Das Zauberbuch der Frauen
Scherz, München

Lexa Roséan
Das Hexen 1x1,
Ullstein Verlag, Berlin

**Noch mehr Hexen-Wissen findest
du im Internet unter:**

www.esoterik.com/liebeszauber
Alles über Liebeszauber, Aphrodisiaka,
Mondrituale und Kerzenzauber

www.tarot.de
Checke deine persönliche Tages-
Tarotkarte!

www.mehndi-tempel.com
Alles über Mehndi-Bemalung und
Henna-Painting

www.boudicca.de
Themen- und Linksammlung für
Hexen, die es wissen wollen.

www.onlinesoft.de/hexen/wiccas.htm
Hier findest du Tipps rund um Hexen-
Küche, Handlesen, Zaubersprüche
u. v. a. m.

www.eso-buecher.de
Alle Bücher, die es zum Thema gibt,
zum Schmökern und Bestellen

Für Mädchen, die es wissen wollen

Sylvia Schneider

all about
girls

für mädchen, die
es wissen wollen

Mädchen zwischen 12 und 17 Jahren: Das bedeutet Aufbruch in das Leben einer Frau. Selbstfindung. Weiblichkeit, Liebe, Berufsvorstellungen, Zukunft – alles ist im Fluss, alles ist neu, alles ist anders. Tausend Chancen, tausend Träume, die sich die Mädchen von heute vom Himmel pflücken können. Wenn sie es nur tun. Da heißt es nämlich: Neu gewonnene Freiheiten nicht abgeben, sondern ausbauen.

Sylvia Schneider, erfahrene Journalistin und Buchautorin, schaut gemeinsam mit den Mädchen hinter so manche Kulisse und so manches Rollenklischee. Klar und humorvoll macht sie Mädchen Mut, über das, was sie vom Leben erwarten, nachzudenken und ihr Leben selbst in die Hand zu nehmen – mit Selbstbewusstsein, Neugier und Biss.

Interviews mit Frauen aus Politik, Wirtschaft, Presse und Medizin, Büchertipps zum Weiterlesen und wichtige Kontaktadressen geben jede Menge Anregungen. Und natürlich kommen auch die Mädchen selbst zu Wort.

144 Seiten. Flexcover. Ab 12

Arena

Nina Schindler

LIEBE, LEBENS-GEFÄHR-LICH

Seit fünfzehn Jahren lebt Jana mit ihren Eltern im Untergrund. Sie kennt kein Zuhause, keine richtige Schule, keine Freunde. Die ewigen Umzüge von einem portugisischen Touristenort zum anderen nerven sie total. Endlich besteht Hoffnung auf ein neues, halbwegs legales Leben in Brasilien – da fliegt durch einen winzigen Zufall alles auf. Die Flucht führt die kleine Familie zurück nach Deutschland. Noch einmal muss sie absolut dicht halten – jeder Kontakt mit Fremden kann lebensgefährlich sein! Dabei hat Jana sich doch zum ersten Mal verliebt…

184 Seiten. Gebunden. Ab 12.

Arena